もっと

激ウマ！
食べ台湾

地元の人が通い詰める
最愛グルメ100軒

著／Aiwan　　イラスト／妻鹿もえぎ

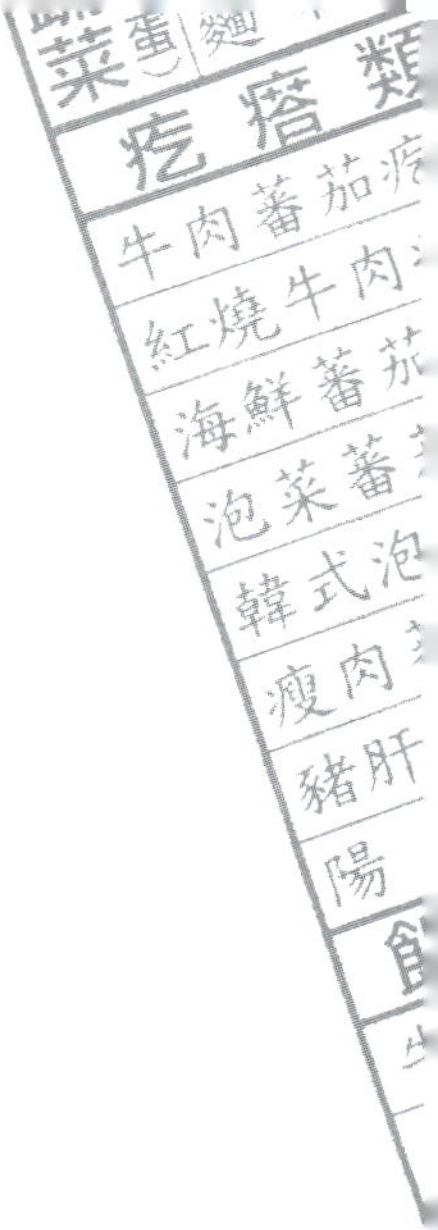

はじめに

本書を手に取っていただき、ありがとうございます。

「食べ台湾」ブログのＡｉｗａｎです。

台北の街を歩いていると、不思議な名前の料理を見かけることはありませんか？

たとえば、「下水湯」「米苔目」……。

名前だけ見るとギョッとしますが、勇気を出して食べてみたらこれがじつにおいしい！　そしてじつはそのお店、地元の人たちが次々に訪れる人気店だったりするんです。


本著では、そんな地元の人たちが愛してやまない台湾グルメを中心に全１００軒を掲載!!

前著『激ウマ！食べ台湾』に引き続き、台北市内と近郊のおいしいローカル食堂を中心にめぐりますが、ブログにも書いたことがない初掲載のお店も多いので、新鮮な気持ちで楽しんでいただけると思います。


さらに今回は、メニューや看板でよく見かける「漢字」に

もフォーカスをしています。

台湾の料理名は「調理法＋食材＋味付け」という構成になっていることが多く、調理法や味付けを表すちょっとした漢字を知ると文字から得られる情報がかなり広がります。

台湾がはじめての方にも、リピーターの方にも楽しみながら料理漢字を理解し、そしてお腹が空いてくる内容になっています。

本書を読み終わったころには、きっとすぐにでも台湾に行きたくなっていることでしょう。

そして、自身の嗅覚によって美味しいお店や料理選びができるようになるので、もっとディープな台湾世界へと、足を踏み入れることができるはずです。

Aiwan

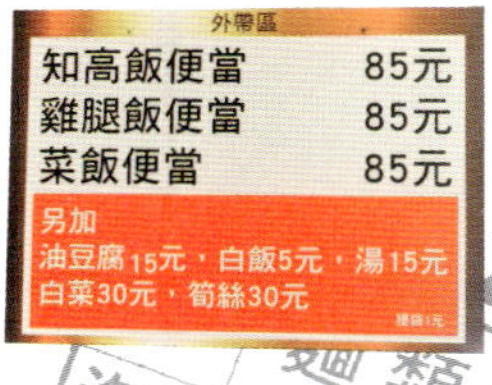

CONTENTS

ズゾゾッ

CONTENTS

第2章
台湾グルメは魯肉飯、小籠包だけにあらず！
気になるあのメニューを徹底解剖

第3章

軽食の充実っぷりこそ台湾の魅力
至福の朝ごはん&スイーツ

第4章

さらなるローカルの味を目指して！

郊外のグルメタウン、三重・板橋へ

第5章

インスタント麺、調味料は必須！

スーパーで厳選したグルメなおみやげ

※本文中のルビは北京語読みです。ただし、中国大陸と台湾では発音が大きく異なるため、台湾人の発音に近いルビをふっています。

※本書の情報は2018年8月24日時点のものです。店舗名・メニュー・営業時間・価格等は変わることがあります。また、無休となっている店も旧正月・旧盆は休むことがあります。あらかじめご了承ください。なお、渡航に関する最新情報は外務省のホームページをご確認ください。

※台湾では一般的に旧暦を使い、春節（旧正月）の大晦日は除夕、元旦を初一とそれぞれ言います。初二、初三は旧正月の二日目、三日目を指し、春節期間中は多くのお店が休業となります。なお、旧正月は毎年1月下旬から2月中旬と毎年違うのでご注意ください。

※レートは1台湾元＝約3.6円（2018年8月24日現在）

第1章

台湾に来たら食べてみて！
じつはこんな料理も
あるんです

台湾の漢字

1

Gān

乾《ガン》

麺マニアの行き着く先…それは「乾麺」かもしれない

日本語と同じく乾いていること。転じて汁なしの麺を意味します。麺のお店では乾麺と表記されることが多いのですが、いわゆる日本の乾麺ではないのでご安心ください。

乾拌麺《ガンバンミエン》と書かれていることもありますが、「拌《バン》」は混ぜるの意なので、混ぜて食べる麺ということ。料理自体は乾麺と同じです。

乾麺はシンプル・イズ・ザ・ベスト。冷や麦のようなゆで麺にねぎと香油、底には醤油ダレが沈んでいるので、しっかり混ぜていただきます。

一見すると味がついてなさそうな印象さえ

ありますが、麺の塩けと香油の風味がきいたシンプルなおいしさはちょっとした感動です。

さらに、調味料を加えると1度で3度おいしい！　まずは**麺に烏醋《ウーツゥ》と呼ばれる黒い酢を入れて**みましょう。

烏醋はウスターソースのようなほのかな酸味とコクのある調味料で、某インスタント焼きそばのような味わいに変化します。

ひとしきり味わったら、次は辣油をオススメ。辣油の尖った辛さが味に深みをもたせ、さらなる進化を遂げるでしょう。

そして、**最後の唐辛子で味の最終進化**を遂げます。一気にジャンクなうまさが増し、辛ウマのあと引くおいしさになるのでした。

もっと濃厚な味をお求めならこんな方法もあります。あるときとなりの席に座った地元の男性が蛋包魚丸湯《ダンバオユーワンタン》というスープを注文し、中に入っている卵を乾麺に移して食べていました。なるほど、こうすると半熟のとろける黄身が麺と絡まり至福のひとときを楽しめますね！

1度で3度おいしい！
乾麺の食べ方
烏醋
辣油
唐辛子
①烏醋
!?
ペ○ングっぽくなった
②烏醋＋辣油
味に深みが出る！
辛ウマ～！
③烏醋＋辣油＋唐辛子
これぞ完成形！
ジャンキーな味!!
止まらない～っ
ハマルうまさっ
乾拌麺
現地で見た！
裏技っ
の、卵を…
麺へオン！
～♪
まぜまぜ
ほほ～そんな食べ方が…
お店の紹介は次ページ！

乾　を食べるならココ！

林家乾麵《リンジャーガンミェン》

MRT中正紀念堂

シンプルな汁なし乾麵がおいしいローカルの人気店

とにかくタレがおいしいといえばここ。見た目は一般的な「乾麵」そのものですが、香油で風味付けされた醤油ベースのタレは魚系ダシがきいており、味は濃くないのにうま味たっぷり。このタレが麵の表面にうっすらと染み入って一体化し、どんどん箸が進んでしまいます。

DATA MAP P.168-5

住 台北市中正區泉州街11號　☎ 02-2339-7387
営 火～金6:00～13:30／16:30～19:30、土・日6:00～14:00
休 月、旧正月期間は未定

乾麵《ガンミエン》（小碗）30元

上／麵は白くてツヤツヤ。こちらは混ぜる前ですが、混ぜてもあまり色味は変化しません。左下／中に入っている卵は黄身がトロトロ。これを「乾麵」に入れてかき混ぜるとより濃厚に。「蛋包魚丸湯《ダンバオユーワンタン》」(35元)。

莫名福州乾拌麵《モーミンフーゾウガンバンミェン》

MRT古亭

しっかりした味付けも人気 調味料で好みの味に仕上げよう

混ぜる前から麵に下味がついており、しっかりめの味。お店が味変を推奨しており、店内のポスターには、1. 麵＋黒酢、2. 麵＋黒酢＋唐辛子、3. 麵＋黒酢＋唐辛子＋辣油と３段階の食べ方（食用三部曲という）が提示されています。そのとおりに実際やってみると、間違いなくおいしい！

DATA MAP P.168-5

住 台北市大安區杭州南路二段96號
☎ 02-2341-9425
営 11:00～21:00
休 日、政府の定める旧正月期間は休み

乾拌麵《ガンバンミエン》（小碗）30元

上／こちらは数回混ぜたところ。１本１本にしっかりタレを行き渡らせるのがおいしく食べるコツ。左下／揚げたエシャロットをのせただけの「葱油拌飯《ツォンヨーバンファン》」（20元）は香ばしさがたまらない。

※MRTとは台北捷運公司が運営する都市鉄道のことで、本文の(MRT○○○）は最寄り駅を示しています。

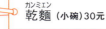

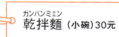

傻瓜乾麵《シャングワガンミエン》 (小) 40元

小南門福州傻瓜乾麵《シャオナンメンフージョウシャーグワガンミェン》

MRT小南門

早朝から人気！朝ごはんに乾麵を食べるならここ

　麵の味を満喫するならここ。「乾麵」の中でもわりと麵のコシが強めで、小麦粉の風味を味わえるよう薄味に仕上げています。こちらも店内に味変の案内書きがあるので、物足りなければそちらをどうぞ（内容は「莫名福州乾拌麵」と同じです）。ちなみに傻瓜とはバカとか間抜けを意味します。

上／まずは味変せずに、麵のおいしさを味わいましょう。
左下／小菜もたくさん。ゆで上がるまで少し時間がかかるので、セルフサービスで好きな小菜を前菜代わりに。

DATA MAP P.165-1

住 台北市中正區延平南路153號
☎ 02-2371-0759
営 11:00〜21:30
休 無休、除夕〜初三

酸菜乾麵《スワンツァイミエン》 + 加蛋《ジャーダン》
(小) 50元+10元

萬國酸菜麵《マングオスヮンツァイミェン》

MRT西門

調味料で進化を遂げる路地の奥で食べる酸菜麵

「酸菜麵」とは酸菜入りの汁なし麵のこと。ここでは迷わず「蛋」（目玉焼き）付きをオススメします。テーブル調味料の豆板醤、ニンニクをたっぷり入れてかき混ぜるとシンプルな麵の味わいが複雑に進化。卵の甘みと酸菜の青い香り、ニンニクと豆板醤が麵に絡み……これは乾麵界のラーメン〇郎！　ぜひニンニクマシマシでお試しを。

上／酸菜は中国の白菜の漬物で高菜によく似ています。目玉焼きは必須。黄身を味付けの隠し味に。左下／調味料を入れたら、目玉焼きの原形がなくなるくらいグチャグチャに混ぜましょう。

DATA MAP P.167-4

住 台北市萬華區漢口街二段42巷2號
☎ 02-2370-8643
営 6:00〜13:30
休 無休、旧正月期間は未定

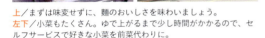

Zhēng

蒸《ジェン》

幻の肉まん「蒸包」を知らずして台湾の蒸しものは語れない

ここ台湾にはさまざまな蒸し料理がありますが、点心系のオススメを紹介したいと思います。題して〝蒸しもの3兄弟〟。小籠包《シャオロンバオ》、蒸包《ジェンバオ》、蒸餃《ジェンジャオ》の3つです。どれも小麦粉で作った皮で肉や野菜の餡を包んだものなのに、仕上がりがまったくといっていいほど違います。点心の世界は奥が深いですね。

まず名前に「蒸」こそ入っていませんが、蒸しものの台湾代表といえば小籠包でしょう。皮を破るとあふれんばかりの肉汁がドバーッ！ これは餡に煮こごりや凍らせたスープを混ぜ込んであるため。熱で溶けてあふれだ

すスープを少し厚めでふわふわの皮が受け止めてくれます。

小籠包の中でもスープが多いタイプは、小籠湯包《タンバオ》というようです。

「蒸包」は小ぶりな肉まんのようなかたちをしています。こちらも餡を包んで蒸したものですが、カプカプッとした皮の食感がおもしろく美味。和菓子を彷彿とさせます。

「蒸餃」はいわゆる蒸し餃子のこと。お店によって異なりますが、私は極薄の皮で包んだタイプが好みです。蒸しあがると皮に透明感が出て、中の具材がおいしそうに浮きたってきます。ムチ～ッとした皮の弾力もたまりません。

ちなみに蒸籠《せいろ》の素材に竹や木を使うのは、あえて蒸気が抜けやすい状態にして、必要以上に蒸気で食材を濡らさないため。

また、蒸気の温度が１００度以上にならないので栄養素をあまり失わず、ゆで料理のように水溶性の栄養素が溶けださないので、しっとりふっくらと仕上がります。

半透明のプリプリ食感！
蒸餃
薄皮なのに弾力はピカイチ
エビは丸ごと！
エビ&豚肉
フワフワ？ハフハフ？不思議食感の皮！
蒸包
カプッ
中はプリンと弾力ある肉餡
皮の厚さ：★★☆
具の種類：★★★×1000！
歯ごたえ：★★☆
皮の厚さ：★★★
肉々しさ：★★★×1000！
ボリューム：★★★
お店の紹介は次ページ！
いろいろ食べ比べて好みのものを見つけてくださいね。
審査してくれ・・・
はぐはぐはぐっ
どれもうまーいっ

蒸 を食べるならココ！

梁山泊小籠湯包《リャンサンポーシャオロンタンバオ》

MRT西門

B級グルメな小籠包は味も肉汁も高級店に劣らず

　半屋台のようなお店で食べる小籠包は一皿80元と安い！　高級店とは違い、少し厚めの皮を破るとうま味たっぷりのスープがあふれ出します。お肉たっぷりの餡には下味がついているので、醤油としょうがのせん切りは必要なく、まずはそのまま食べましょう。

DATA MAP P.167-4

住 台北市萬華區漢口街二段54-4號
☎ 0976-266-875
営 10:00～21:00
休 月、除夕、初一

小籠湯包《シャオロンタンバオ》 7個80元

上／小籠湯包は一皿80元と安い！　左下／高級店とは違い、少し厚めの皮を破るとうま味たっぷりのスープがあふれ出します。お肉たっぷりの餡には下味がついているので、まずはそのままどうぞ。

圓山老崔蒸包《ユェンサンラオツイジェンバオ》

MRT中山國小

不思議な食感の皮は一度食べたらヤミつき！

　小籠包、蒸し餃子、肉まんのようでもあり全然違う。見た目は地味ですが食べると想像以上のおいしさがやってきます。扱うお店が少ないこともあってまさに幻の蒸しもの。こちらは皮を少し透けたように蒸すのが特徴。お昼には閉店してしまうのでご注意を。

DATA MAP P.166-2

住 台北市中山區中山北路2段137巷33號
☎ 02-2581-7014
営 6:20～13:00
休 月、政府の定める旧正月期間

蒸包《ジェンバオ》（10個）85元

上／皮の透け感がわかりますか？　オーダーが入ってから皮を包むので、その間にもう一つの看板料理「酸辣湯」をどうぞ。左下／お店の入口では器用な手つきで、蒸包をつくっていました。

蝦仁絲瓜《シャーレンシーグワ》（8個）120元

亓家蒸餃《チージャージェンジャオ》

MRT南京三民

透き通った皮の芸術作品
味も見た目もおいしい一品

台北では少しめずらしい蒸餃の専門店。看板メニューの「蝦仁絲瓜」はエビとヘチマが入ったヘルシー蒸し餃子。ヘチマの青味とエビのうま味が皮の中で凝縮され、女性に大人気です。蒸餃の特徴であるしっかりとした歯ごたえの皮は、薄皮でも食べ応え充分。エビが苦手な人はお肉のみの「蒸餃鮮肉」も肉汁たっぷりで絶品です。

蒸餃鮮肉《ジエンジャオシエンロウ》（8個）75元

上／エビの赤が見た目にも美しい「蝦仁絲瓜」。肉餡にエビのプリプリ感が加わり、おいしさと食感のよいアクセントになります。下／一口サイズの蒸餃。まずは何もつけずに本来の味を楽しみましょう。

DATA

MAP P.164-1

住 台北市松山區南京東路五段123巷4弄3號
☎ 02-2760-1935
営 10:30〜20:30
休 日、第二・第四土曜日、政府の定める旧正月期間は休み

左／スピーディにエビや肉餡を包む店員さん。大きさが揃って美し〜。右／細切りしょうがなどの調味料がありますが、個人的には醤油と豆板醤だけのシンプルなソースがおすすめ。

Jiān
煎《ジェン》

油のコクがいい仕事してる！焼いたらおいしくなりました

日本語では「熱して水分を飛ばす、煮出す」を意味し、お煎餅のようなものをつい想像してしまいますが、ここ台湾では「少量の油で焼く、炒める」を意味します。

「煎」の代表的な料理といえば、夜市でも絶大な人気がある小吃《シャオツー》の一つ、「蚵仔煎《オアジェン》」＝カキオムレツでしょう。

蚵仔煎に使用する台湾産のカキは日本のカキに比べかなり小粒ですが、味が濃いのが特徴的。熱々の鉄板の上にたっぷりめに油をひき、小粒のカキを軽く炒めたら、卵を割り入れ……調理風景もまた食欲を刺激します。さつ

まいも粉を水に溶いた生地を流し入れます。甘辛の特製ソースでいただくと、なんともいえないおいしさに悶絶すること必至です。

もう一つの代表的な「煎」といえば、「煎包《ジェンバオ》」をオススメします。

日本では焼きまんじゅう、焼き小籠包などと呼ばれますが、どちらかというと肉まんに近いイメージがあります。鉄板で焼きながら蒸すため、鉄板に触れた皮の部分はカリカリに仕上がり、蒸した部分はホワホワ、と2つの皮のおいしさが楽しめるのが魅力です。

煎包の種類は意外に多く、外見はおおむね似ているものの具や焼き方の違いによって生煎包、水煎包などと細分化されています。台湾料理って奥深い……。

そして最後は煎餃《ジェンジャオ》をご紹介。「煎」した「餃子」、そう焼餃子です。台湾では一般的に餃子と言えば水餃子、焼き餃子は鍋貼《グオティエ》と呼んでおり専門店も多いですが、最近は日本の餃子店が進出したことで日本式焼餃子の「日式煎餃」が大人気。また揚げ餃子のことを炸水餃や煎餃と呼ぶこともあります。

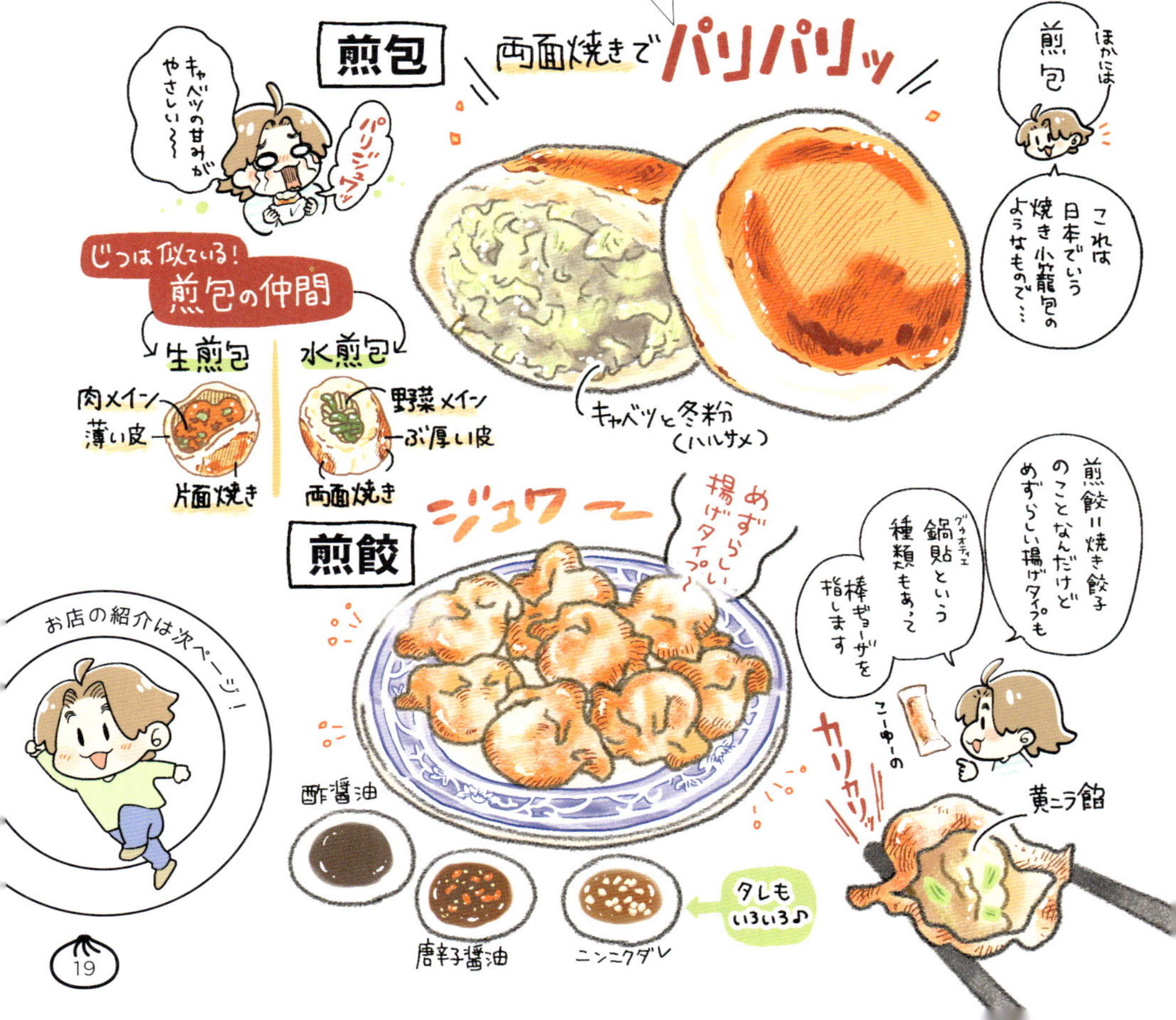

煎 を食べるならココ！

圓環邊蚵仔煎《ユェンフワンビエンオアジェン》

MRT雙連

カキの身の大きさならここ！
蚵仔煎の激戦区、寧夏夜市の人気店

このお店の蚵仔煎は何と言ってもカキの大きさ。台湾のカキは基本的に小粒なタイプが多いのですが、大粒にこだわっているのが特徴です。プリプリとした身の弾力は大粒だからこそ。カキ好きなら間違いなく満足できるでしょう。プルンとした生地も美味。野菜がたっぷり入っているのも高ポイントです。

DATA MAP P.167-3

住 台北市大同區寧夏路46號
☎ 02-2558-0198
営 12:00～14:30／16:30～翌1:30
休 不定休・旧正月期間は未定

蚵仔煎《オアジエン》 70元

上／ソースがかかってもわかるカキの存在感。ソースは少し甘め。左下／ほどよく厚みがあるプルンとした生地で、カキのエキスも十分に感じることができます。

頼雞蛋蚵仔煎《ライジーダンオアジェン》

MRT雙連

生地がプルプルでカリカリ！
一度で二度おいしい蚵仔煎

カキの身を重視するなら「圓環邊蚵仔煎」ですが、生地の焼き具合をとるならこちら。生地全体はプルンとしつつも、ふちの部分は油で揚げられたようなカリカリ食感。一度で二度おいしい「蚵仔煎」です。カキは小ぶりでミルキーなタイプ。もし同行者がカキ嫌いだとしても、どこかで待っててもらい一人ででも食べましょう。

DATA MAP P.167-3

住 台北市大同區民生西路198-22號
☎ 02-2558-6177
営 16:00～翌1:00
休 火、除夕

雞蛋蚵仔煎《ジーダンオアジエン》 65元

上／見た目にもカリカリ感がわかる絶妙な焼き加減。タレは意外にあっさり味で生地との相性も抜群。左下／ジュージューといい音を響かせながら、手際よく焼いてくれます。

高麗菜包《カオリーツァイバオ》 12元
雪裡紅包《シュエリーホンバン》 12元

上／鉄板で両面を焼く水煎包タイプ（片面は「生煎包」と呼ぶことが多い）が中心。右上は焼き上がったばかりの水煎包。左下／チンゲン菜を使った「青江菜包《チンジャンツァイバオ》」（12元）は野菜のうま味が濃い必食の一品。

上頂皇家素食水煎包《シャンディンホワンジャースーシューシュェイジェンバオ》

MRT台北

野菜たっぷりの餡がおいしい
素食スタイルのヘルシー餃子

「素食《スーシー》」とは野菜主体のベジタリアン料理のこと。台湾では宗教上や健康上の理由でベジタリアンが多く「素食」が広く一般的に親しまれています。お肉が入っていないので食べ慣れていない人は少し物足りないかもしれませんが、野菜本来の味が楽しめるので台湾ではベジタリアンじゃない方からも人気です。

DATA MAP P.167-4

住 台北市中正區懷寧街6之2號
☎ 02-2311-6589
営 7:00～19:00
休 無休、除夕～初三

煎餃《ジエンジャオ》（15個）120元

上／カリッと揚がった皮を割ると、黄ニラを練り込んだジューシーな肉餡が登場。左下／数多く並んだ小菜。とくにきくらげとキュウリの小菜がスッキリとした味わいでオススメです。

老牌山東水餃大王《ラオパイサンドンスェイジャオダーワン》

MRT中山國小

揚げ餃子が大人気
水餃子と食べ比べするのもアリ

「煎餃」は一般的に焼き餃子のことですが、ここのは特別で揚げてあります。カリッと揚げた皮とスナック感覚で食べられる小粒なサイズが特徴。さらに唐辛子入りの醤油やニンニクダレなど、さまざまな調味料で味変も楽しめます。ちなみに焼き餃子は、台湾に進出している日本のラーメン屋さんの「日式煎餃」が大人気。

DATA MAP P.166-2

住 台北市中山區農安街31號
☎ 02-2585-2547
営 11:00～20:45
休 日、除夕～初四

台湾の漢字

4

Tāng
湯《タン》

名前はちょっとコワイ台湾スープの「君の名は…」

「湯」はスープを意味しますが、転じて**スープあり、またはスープ多めの料理**に使われる文字です。台湾にはさまざまな「湯」の種類がありますが、気になる名前No.1は「下水湯《シャーシュエイタン》」でしょう。

下水という名前で拒絶反応を起こしそうですが、**鶏肉の肝や内臓などのモツを使ったスープ**のこと。新鮮なモツを使い、また、数種類の部位を使うのが特徴で、コリコリ、プリプリ、とさまざまな食感も楽しめます。

まるで日本の味噌汁のようなスープといえば、「三合一湯《サンハーイータン》」です。ただし、日本の味噌

名前から中身が想像できない
スープ編へGO!
湯=スープのこと
日本人にはぎょっとする名前なんかもあって
とっても奥深い世界なんですよ
せん切りしょうが
塩味ベースのスープ
鶏肉の肝や内臓がたっぷり!
下水湯
げっ…!? 食べて大丈夫なの…!?
まーまー
百聞は一汁にしかずって言うでしょ…
言わないよ!?
下水
=
ホルモン
のこと
まったく臭みなし!
お… おいしい…っ
!?
コリコリのプリプリ…っ
でしょ〜
レバー苦手なんだけどここのは好きなんだよね〜

汁と決定的に違うのは甘みがあること！　初めて食べたときはその甘さに驚きましたが、忘れた頃に「あ、また食べたい！」と衝動がやってくる不思議な魅力があります。

「三合一湯」には3つのものが一つになっているという意味があり、味噌汁に貢丸《ゴンワン》（肉団子）、溶き卵が入っています。

このスープはなぜか涼麺《リャンミエン》のお店で提供されることがほとんどです。涼麺はポソポソとした麺にニンニクがきいたピリ辛ダレをかけた冷やし中華のような料理なのですが、ピリ辛味にこのスープの甘さがよく合うんですね。

「四神湯《スーシェンタン》」はおもに4つの生薬を煮込んでいるので、その名前がつきました。ハトムギや大腸などを具に白っぽい色をしているのが一般的ですが、「妙口四神湯《ミャオコウスーシェンタン》」というお店では小豆色の四神湯を味わうことができます。

ちなみに四神湯の効能は解熱、解毒、整腸健胃、利尿、補気、精神安定、免疫力の向上などがあり、おいしく元気になれるスープです。

湯　を食べるならココ！

下水湯《シャーシュエイタン》 60元

肉伯火雞肉飯《ロウボーフォジーロウファン》

MRT台北101

新鮮なホルモンだからこの味 コリコリの食感を味わって

名物料理あるところに、名スープあり。火雞（七面鳥）の雞肉飯《ジーローファン》が人気のこちらのお店では、絶品の「下水湯」が食べられます。ホルモン系のスープはその新鮮さに味わいが左右されますが、ここのは新鮮そのもの。レバーが苦手な私でもおいしく完食！　ちなみに「火雞肉飯」は台南の名物丼。ご飯の上に細かく裂いた七面鳥の肉とタレがかかったこちらも必食です。

上／「下水湯」にはせん切りのしょうがをたっぷりと入れます。臭み消しにもなっており、後味をさわやかにしてくれる効果あり。下／ゆでた七面鳥とせん切りのしょうがを甘めの醤油であえた「火雞肉切盤《ホージーロウチエパン》」（100元）。鶏肉よりも繊維質で噛むほどに濃い肉の味がします。

DATA　MAP P.164-1

住 台北市信義區信義路四段405號
☎ 02-8780-3388
営 11:00〜15:00/17:00〜20:30
休 無休、除夕〜初四

大きめにほぐされた七面鳥のお肉がのった「火雞肉飯《ホージーロウファン》」（50元）。上からかかっている特製ダレもご飯に染み込んでいます。

七面鳥は
肉々しくて
おいしい！

四神湯《スーシェンタン》 60元

上／特徴的な小豆色のスープ。穀物は1粒1粒が大きく濃い味わい。左下／大人気の包子（20元）。少しコショウをきかせた小ぶりの餡はそれ自体の肉汁は少なめですが、うま味が濃厚です。

妙口四神湯《ミャオコウスーシェンタン》

MRT雙連

肉まんだけじゃもったいない！ 四神湯が絶品の屋台

肉まん（包子）が超有名なお店ですが、店名にもなっている四神湯がじつは激ウマ！　一般的な四神湯は白濁色をしていますが、こちらは小豆色で豚のホルモンやハトムギなどの穀物もたっぷり入ったボリューミーなタイプです。四神湯の効能は解毒、整腸、健胃、免疫力の向上など。旅先で飲んで元気になりましょう。

DATA

MAP P.167-3

住 台北市大同區民生西路388號
☎ 0910-782-007
営 12:00〜19:00
休 月、除夕以降2週間休み

三合一湯《サンハーイータン》 45元+貢丸35元

上／貢丸（肉のつみれ）は形がいびつだけど、歯ごたえがよくとっても美味。溶き卵も入っています。左下／スープとセットで食べたい！ ザーサイと豚肉入りの「搾菜肉絲涼麵《ジャーツァイロースーリャンメン》（小）」（55元）。

偉富麵館《ウェイフーミェングゥン》

MRT松江南京

涼麵と一緒がローカル流 甘い味噌汁スープ、三合一湯

台湾ではこのスープがないと「涼麵」ははじまらないといわれる名脇役。「涼麵」はゆでた麺をニンニクのきいたこってりダレでいただく汁なし麺ですが、このタレとスープの甘みが驚くほどに合う！（麺がぼそぼそとしているからかもしれませんが）。ともに食べてこそわかるこのおいしさ、ぜひ体験してみてください。

DATA

MAP P.166-2

住 台北市中山區伊通街135號1樓
☎ 02-2503-4149
営 7:00〜20:00
休 日、政府の定める旧正月期間は休み

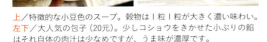

これも食べたい!

魷魚焿《ヨウユーガン》

とろみスープとつみれが美味

台湾ではスープなどの汁もの全般を「湯」といいますが、じつは「焿(羹《ガン》)」という文字が使われることもあります。ただし、この場合はスープにとろみがついているのが一般的。食材を切って下処理を施したものに、スープ(ダシ)を加えて調味し、加熱した後にくず引き(とろみづけ)して仕上げたものが「焿(羹)」の調理技法です。

　具は肉や魚介のつみれ(丸ではなく、握ったような形が多い)のことが多く、ときにイカの切り身が入っているタイプもあります。

スルメイカのとろみスープ
基本的なスープの味は同じ

魷魚焿

スープにご飯を入れてお茶漬け風に。途中で辣醤を加えて味変します。

ZOOM UP!

総合魷魚焿《ソンハーヨウユーガン》(小)・飯《ファン》
80元

スープはかつおダシとスルメイカの濃厚な味わい。イカのすり身は弾力があり、いいダシにもなっています。

ここで食べよう!

DATA MAP P.166-2

六條通魷魚焿《リョーティャオトンヨウユーガン》

MRT中山

スープの濃厚さに定評あり。中身は湯(スープのみ)、麺、米麺、飯など6種類から選べます。

住 台北市中山區中山北路一段105巷6號之1 ☎02-2100-2155
営 月～土10:00～翌2:30、日10:00～深夜0:00
休 無休、除夕

湯と焿の違い
焿=トロトロ
トロ〜…
湯=サラサラ
だーっ
ちなみに
イカやエビ、肉など具はいろいろあります
花枝焿(イカの切り身)
蝦仁焿(エビのつみれ)
肉焿(ひき肉のつみれ)

column

知っとく情報

1

日本人旅行者が見落としがちなスープの名品&盲点を紹介します

[鼎泰豐《ディンタイフォン》] は小籠包だけにあらず。じつはスープにも「元盅土雞湯《ユェンゾンドゥージータン》」という逸品があります。これは地鶏を何時間も煮込んだ鶏エキスたっぷりの濃厚なスープ。これを飲まずには帰れません。「酸辣湯」は台湾スープの盲点でしょう。本場台湾で……と食べたら多くの人が微妙な反応になります。台湾の酸辣湯はコショウ味がかなり強いものの、辛味や酸味がないのが一般的なのですね。台湾でどうしても食べたいならここ、というお店を紹介いたします。

元盅土雞湯《ユエンソンドゥージータン》 210元

鶏度MAXで透き通ったスープは、キラキラと輝いて美しい〜。もちろん美味！ 鶏肉はお箸で切れるほどトロトロに煮込まれています。

「鼎泰豊」の名物といえばやはり小籠包。本店で食べるのはまた格別。

ZOOM UP!

酸辣湯《スワンラータン》 50元

日本人好みのしっかりした味付けで、具もたっぷり！

ここで食べよう!

DATA

MAP P.168-5

鼎泰豐《ディンダイフォン》(本店)

MRT東門

世界の10大レストランにも選ばれた小籠包の有名店。世界各国にも支店がありますが、本店で小籠包を食べる経験は格別です。

住 台北市大安區信義路二段194號 ☎ 02-2321-8928
営 月〜金 10:00〜21:00、土・日 9:00〜21:00
休 無休、除夕、初一

ここで食べよう!

DATA

MAP P.164-1

杭州小籠湯包《フージョウシャオロンタンバオ》

MRT中山國中

小籠包の人気店。中正紀念堂近くにあるのが本店で、こちらは民生店。ここは予約ができるので確実に食べたい場合は便利です。

住 台北市松山區民生東路三段118號 ☎ 02-6613-0666
営 11:00〜21:30
休 無休、除夕〜初六

5

Bǐng 餅《ビン》

ヒラヒラで、ふわふわ？ モチモチしてない台湾の餅

日本ではお餅のことですが、台湾の「餅」は小麦粉を使った食べ物を意味します。

いい機会なのでピックアップしてみたら、予想以上にありました。蔥油餅《ツォンヨウビン》、蔥抓餅《ツォンジュワビン》、蛋《ダン》餅《ビン》、潤餅《ルェンビン》、芋餅《ユービン》……。餅乾《ビンガン》はクッキー、紅豆《ホンドウ》餅《ビン》は台湾版今川焼き。可麗餅《カーリービン》はクレープのことですね。おかずからお菓子まで、焼いたり蒸したりして調理した小麦粉の生地を使った食べ物＝「餅」というイメージです。

どれもおいしい「餅」ですが、食感別にオススメを。まずは、ヒラヒラ代表、「蔥抓餅《ツォンジュワビン》」。蔥抓餅は生地の段階でねじってから丸く整

“餅”とは小麦粉をこねて伸ばして焼いたもの
台湾の“餅”ほんとにいろいろあります！
食感別に3つの“餅”をご紹介しますね
ヒラヒラの秘密は作り方にあり
① 生地を伸ばしてネギを包む
ねじねじ
② ねじって生地をまとめて平らにする
ぺちゃんこ
③ 焼きながらヘラでひっかく！
ひっかくと…ヒラヒラになった！
抓はひっかくという意味
サクッ
層になってる生地軽い！
ヒラヒラ系
蔥抓餅
層がヒラヒラ
ちなみに
同じ生地を丸めて平らにすると蔥油餅になります
まーるい形の
蔥油餅

えることで、生地に層をつくります。さらにヘラでひっかいて空気を入れるように焼き上げるため、層になった生地がヒラッと薄く、サクサクに焼きあがります。タレは甘い醤油ベース。トロッとしているので生地に染み込み過ぎず、最後までサクサク感が味わえます。辛いタレも塗ってもらえるので、辛味が好きな人はオススメです。

カリカリ代表といえば、「胡椒餅《フージャオビン》」でしょう。カリッカリに焼き上げられたパン生地をカブリつくと肉汁の洗礼を浴び、大やけどをする可能性があるので本気で注意です！　歯の先で少しずつ周りの生地を掘りながら、中の餡を発掘すると、中から大量の熱気に包まれた肉とネギの餡がコショウのよい香りに包まれて出てきます。

ジュワジュワ代表には、めずらしい「蘿蔔《ルオボー》絲餅《スービン》」をオススメ。ジュワ～ッと揚がった生地の中にはほんのり塩味がついた大根のせん切りが入っており、一口かじれば、カリッ、ジュワッ、フワッ、ボリボリ……とめまぐるしい食感の変化とおいしさの波が到来します。

外側は音がするほどクリスピー
コンコンッ
ネギたーっぷりの肉餡。肉汁注意
カリカリ系
胡椒餅
ハードでカリカリッ
ナンのように石窯の内側に張りつけて焼く
外カリ中フワのひけつ
内側はふわっふわ
肉汁ドバーッ
ウマーッ
はふ
ほふっ
ピリリとコショウがきいてる！
ジュワジュワ系
蘿蔔絲餅
油でジュワッ
大根のせん切り！
お店の紹介は次ページ！
謝謝你～
じゅわ～
大根の半生食感がイイ♡
塩加減も絶妙で大根の甘みが感じられます～っ

餅 を食べるならココ！

蔥抓餅《ツォンジュアビン》 30元

忠將蔥抓餅《ゾンジャンツォンジュワビン》

MRT台北

台北地下街にある蔥抓餅の人気店

イートインコーナーがあるので、焼きたてを座って食べることができます。シンプルにネギの風味を味わう単品を選ぶもよし、ほのかな甘みがおいしい卵入りを選ぶもよし。牛肉や豚肉、チーズなど、トッピングの種類も豊富です（トッピングを選ぶとデフォルトで卵付きに）。台北駅直結とアクセスがよいので、旅行最終日に駆け込みで味わうことも可能！

上／店の前を通ると漂ってくるよい香り。注文時に卵、辛いソースを入れるかどうかを聞かれるので好みを伝えましょう。下／クレープとパイの中間のようなしっとり、ひらひらの食感。

DATA

MAP P.167-4

住 台北市中正區忠孝西路一段50-1號站前地下街17-5號

☎ 02-2382-0585　営 10:30～22:00

休 無休、旧正月期間も営業

トッピングは卵やチーズが一般的ですが、ここはバリエーションが豊富。牛肉や九層塔（台湾バジル）などもあり。

オススメはもちろんチーズ入り！

胡椒餅《フージャオビン》 50元

福州世祖胡椒餅《フージョウスーズーフージャオビン》

MRT台北

行列店の味をラクに買える穴場 私的、台北イチの胡椒餅です

2018年の「ビブグルマン」（ミシュランのB級グルメ版）にも選出されたことで、ますます人気になった胡椒餅の有名店です。饒河街夜市にある本店はかなりの行列ですが、こちらの支店では比較的並ばずに買うことができます。いろいろな胡椒餅を食べ歩きましたが、個人的にやっぱりここがいちばん！　強くオススメします。

上／下のほうにスープが溜まっていて、夢中で食べていると手に垂れてくるので注意しましょう。左下／ナンと同じ要領で高温で一気に焼き上げます。

DATA MAP P.167-4

住 台北市中正區重慶南路一段13號
☎ 02-2311-5098
営 11:00～21:00
休 無休、除夕～初二

蘿蔔絲餅《ルォボースービン》 30元

温州街蘿蔔絲餅《ウェンジョウジェルォボースービン》

MRT古亭

並んでも絶対に食べたい！ いちばん人気の大根は激ウマ

見た目はふつうの“揚げパン”と思いきや、その予想は食べた瞬間に裏切られます。中に入ったせん切り大根は塩けと甘みのバランスがすばらしく、しんなり＆シャキシャキの食感。揚げた生地の油のコクと相性がよいだけでなく、口の中をリフレッシュしてくれるので飽きずに食べ続けることができます。

上／中の大根はシャキシャキとした歯応えを残す半生タイプ。左下／「豆沙餅《ドウサービン》」（25元）のあんこは甘さが控えめ。揚げあんぱんのようですが、やはりちょっと違ったおいしさがあります。

DATA MAP P.168-5

住 台北市大安區和平東路一段186之1
☎ 02-2369-5649
営 7:00～20:00
休 日、政府の定める旧正月期間は休み

これも食べたい！

蛋餅《ダンピン》・焼餅《シャオビン》

朝食メニューの「餅」から個性的な2店舗を紹介します

本来は卵を包んで焼いたもの揚げてつくる変わり種も 蛋餅

特製の甘辛ソースがジュワッと染み出るニラのエキスを引き立てます。

ZOOM UP!

蛋餅《ダンピン》 35元

ニラと卵を包んでカリッと揚げたオリジナル蛋餅。油のコクがウマ〜！

鹹豆漿《シェンドウジャン》（25元）もあり。なお、揚げた蛋餅には米とピーナッツでつくる甘い「米漿《ミージャン》」がよく合います。

じゅっ
わわわわ
わわわわ〜
いい音がする！と思ったら
通路で蛋餅が揚げられていました

「蛋餅」は卵を小麦粉の生地で包んで焼いた〝台湾式クレープ〟ですが、焼かずに揚げるめずらしいお店があります。それが「津津豆《ジンジンドウ》漿店《ジャンデェン》」。じゅわじゅわと高温で揚げられた「蛋餅」はキラキラに輝きながら、カリッカリにしあがっています。おなじみの「焼餅」はフォカッチャのような分厚い「蔥焼餅」を食べられる「南京豆漿《ナンジンドウジャン》店《デェン》」を紹介します。

ここで食べよう！

DATA MAP P.165-1

津津豆漿店《ジンジンドウジャンデェン》

MRT大橋頭

通路に鍋を出し調理している様子はこれぞローカル、といった感じ。駅からやや遠いけれど行く価値絶対ありです。

- 住 台北市大同區延平北路四段5號
- ☎ 02-2597-3129
- 営 4:30〜11:00
- 休 無休、除夕〜初四

津津豆漿店

小麦粉を練り薄焼きが一般的
分厚さ勝負の個性派が登場

焼餅

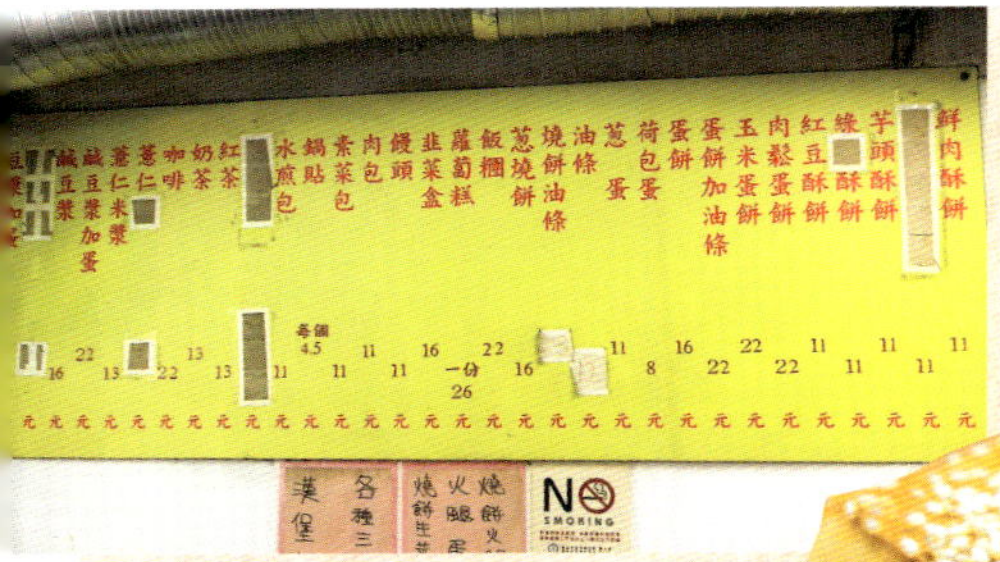

「餅」だけでこんなに種類が！
すべて朝から食べられます。

ツォンシャオビン
蔥焼餅《ツォンシャオビン》 16元

ここに蔥入りの卵焼き「蔥《ツォン》蛋《ダン》」をはさむと、ダブルでネギを楽しめるネギマニア必食の一品に。

これが一般的な「蛋餅」(16元)。もちろんこれはこれでおいしい！

ここで食べよう！

DATA MAP P.164-1

南京豆漿店《ナンジンドウジャンデェン》

MRT南京三民

ネギ好き台湾の人たちの間でも人気。正式名称は「南京豆蔥焼餅專門店」といい、じつは「蔥焼餅」の専門店です。

住 台北市松山區八德路四段193號
☎ 02-8787-9188
営 6:00〜11:00
休 無休、除夕

広くて清潔感がある店内。サクッと食べて長居しないのがローカルルール。

台湾の漢字

6

Lǔ 滷《ルー》（魯）

茶色いご飯がなぜこんなにウマイ！豚肉×醤油の無限の可能性

日本でもファンの多い滷肉飯《ルーロウファン》（魯肉飯）でおなじみのこの文字は「煮込む」という意味。おもに醤油味で煮込んだもののことなので滷肉飯の豚肉は醤油ベースのタレで煮込まれています。なお、醤油味の台湾風煮物は「滷味《ルーウェイ》」と呼びます。

「滷」は「魯」と書くこともありますが、どちらも同じ意味。昔の人が、間違って「滷」を「魯」と表記してしまった名残とのこと。実際のところ、現地ではどちらを使ってもよいと考えているようですが、本来は滷肉飯と

滷は「醤油で煮しめる」という意味 じつは魯と書くこともあって…
滷＝魯
そう！ 魯といえば!! おなじみ魯肉飯！
魯肉飯ってほんとうにお店によって違うんです
タイプ別にご紹介してみましょう！
トローン
甘さひかえめのタレ。ごはんに染み染み♪
ツヤツヤ脂身お肉
ぱかーっ
煮卵必須！
煮卵を割ってご飯と一緒に食べると…っ
最高〜〜っ
絶品！大根の漬物
タイプ1
トロトロ脂身タイプ
味家魯肉飯

表記するのが正しく、料理の本はすべて「滷」で統一されているようです。

日本人の感覚からすれば、滷肉飯＝肉の丼という印象ですが、どちらかというと**肉ではなく、豚皮＋脂身を楽しむ料理**になるでしょう。

脂身の原形がなくなるほどにトロトロに煮込んだり、香ばしさをだすために、あえて真っ黒になるまで煮込んだりするお店も。

ミシュランガイドのB級グルメ版であるビブグルマンに選ばれた、ちょっと高級路線の滷肉飯もあります。

タレの甘み、スパイスの量、ご飯とのバランスなど、さまざまな要素が絡みあい、1軒1軒の個性になっています。その違いを楽しむのが本当に楽しいですね。

ちなみに台湾南部では、魯肉飯（滷肉飯）ではなく、豚の赤身ひき肉を使った肉燥飯《ロウザオファン》がよく食べられています。一般的には魯肉飯は脂身を使い、肉燥飯は赤身を使う、と区別されているものの、やはりこちらもお店によって区別があいまいになっているようです。

滷(魯)を食べるならココ！

魯肉飯《ルーロウファン》(小)25元

味家魯肉飯《ウェイジャールーロウファン》

MRT市政府

魯肉飯の味はピカイチ
地元民も足繁く通う穴場

魯肉飯が食べられるお店は数多くありますが、ここの魯肉飯は中でも絶品。煮込まれたお肉と脂身がトロトロでご飯と混ざり合います。香辛料が苦手な人でもおいしくいただけるのもポイントが高いです。またサイドメニューが豊富で何を食べてもおいしいので、何度も通いたくなるでしょう。

上／サイドメニューも充実。「魯肉飯」を小にして小菜を1、2品頼むのがベストです。下／この脂の輝き！　形がなくなるほど煮込まれた滷肉は口に入った瞬間トロけます。

DATA MAP P.164-1

住 台北市信義區忠孝東路四段559巷18之1號
☎ 02-2749-3472
営 11:30～20:30
休 無休、除夕～初五

左／トロトロに煮込まれ濃厚な"肉ソース"化した滷肉。
右／テイクアウト用弁当も続々と注文が入り売れていく。

魯肉飯《ルーロウファン》（小）25元

上／ここまで色の黒い「魯肉飯」はなかなかない!?　見た目ほど味は濃くなく、赤身の肉々しさも味わえます。左下／お店の名前にもなっている看板メニュー「清湯瓜仔肉」（60元）。ブリンとした弾力のある肉焿（つみれ）が美味。

小王清湯瓜仔肉《シャオワンチンタングヮザイロウ》

MRT龍山寺

地元の人たちに愛され約40年老舗のブラック魯肉飯

一般的な「魯肉飯」より少し醤油をきかせ、コッテリと煮込んでいます。台湾の味付けがやや甘めに感じる人もいますが、ここの「魯肉飯」は甘みより塩けが勝るタイプ。お肉のとろけ具合も絶妙で、少し焦げたような醤油の香りもいいですね。40年以上続いているだけあって、サイドメニューも抜群のおいしさです。

DATA MAP P.169-10

住 台北市萬華區華西街17之4號
☎ 02-2370-7118
営 9:00～20:00
休 火、除夕～初四

滷肉飯《ルーロウファン》 80元

上／脂身と赤身のバランスが絶妙。肉々しさも残っています。
左下／腐乳を使って炒めた空芯菜「腐乳通菜《フールートンツァイ》」（220元）はクリーミーで味が濃く、ご飯がすすむ味です。

My灶《マイザオ》

MRT松江南京

「ビブグルマン」認定店でオシャレな魯肉飯をいただく

「灶」とはかまど、台所という意味。店内は日本の古民家のような雰囲気です。上品な小さめサイズの「魯肉飯」ですが、お肉はこれでもか！と盛られ、下のご飯が見えません。しっかり煮込むと赤身が固くなりがちなところ、ふっくらやわらかく口の中でフワッとトロけます。値段もうなずける完成度です。

DATA MAP P.166-2

住 台北市中山區松江路100巷9之1號
☎ 02-2522-2697
営 11:30～14:00／17:30～21:30
休 無休、旧正月期間は未定

これも食べたい!!

滷《ルー》味《ウェイ》

おやつにおつまみに…みんな大好き台湾の煮物

「滷味」はさまざまな食材を醤油味で煮込んだ台湾の煮物です。食堂のサイドメニューとしてよく見かけますが、専門店もあります。

専門店に行くと食材の種類もさまざま。あらかじめ煮込んで味付けしたものを提供するお店や、その場で煮込んでくれるお店もあります。好きな食材を選べるので「野菜が不足しているなぁ」「ヘルシーに豆腐を食べたいなぁ」というときにもってこい！　食材を選んだら店員さんに渡すだけなので、果敢にチャレンジしてみましょう。

具材を選ぶ

滷味を食べてみよう！ in 大台北平價滷味

値段表示がなく不安になりますが、一つの食材は10～50元。3～4種類選びましょう。

煮込むとふくらむので
頼みすぎ注意!!
大台北
豆干
インゲン
豆皮
マコモだけ
ジャーン!
3、4種類頼んで
100元前後

豆腐を干したもの。煮込むと豆の味がさらに際立ちます。

台湾のインゲンは苦味が少なくシャキシャキしていて美味。

湯葉を揚げたもの。見た目は油揚げのようですがもっとフワフワ！

日本ではあまり見かけない野菜。甘みの強いヤングコーンのような味わい。

インスタントラーメン

滷味においては、麺はかためではなく、煮込みすぎを推奨したい！麺に特製スープがしみしみで美味。

라면사리

ここで食べよう!

DATA MAP P.168-5

大台北平價滷味《ダータイベイピンジャールーウェイ》

MRT台電大楼

大台北

食材の種類の多さは台北でもトップクラス。味、ボリューム、価格の3拍子揃った人気店。イートインコーナーもあり。

住 台北市大安區龍泉街54號 ☎ 02-3365-1863 営 月～金16:00～翌1:30 土・日15:30～翌1:30 休 無休、旧正月期間も無休

煮込む

特製スープが入った鍋で3分ほど煮込んで完成。

ひとつのザルに1オーダー分
ぐつぐつ
醤油ベースの特製スープ

ざざーっ
ネギパラリ～

食べる

…で完成!
ズズーッ

麺などボリュームのある食材を選べば立派なおかずに。豆腐や練り物の場合はおつまみ風に楽しめます。

ここで食べよう!

DATA MAP P.168-5

燈籠滷味《デンロンルーウェイ》

MRT古亭

大学が近いこともあり、学生に大人気のお店です。おやつ感覚で手軽に買うことができます。

住 台北市大安區師大路43號
☎ 02-2365-7172 営 11:30～翌1:00
休 不定休・除夕～初四

燈籠滷味

テイクアウトもあり

燈籠滷味の場合

袋に入れてくれる

ビニール袋に入れるのが台湾流。晩ごはんのおかずに買って帰る人も多い。

小さなワゴンで調理・販売していることも!
滷味は台湾の代表的B級グルメです!

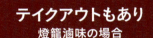

台湾の漢字

7

Dùn

燉《ドゥン》

夜市をにぎわすラスボス 真っ黒スープのおいしい秘密

「燉」は「滷」と同じ煮るという意味ですが、どちらかというと、煮るよりも長くグツグツと煮込むというイメージです。

「燉」がつく台湾料理でまず思いつくのは、薬燉排骨《ヤオドゥンパイグゥ》でしょうか。

私がはじめてこの料理を見たのは饒河街夜《ラオハージェイエ》市《スー》にある「陳董《チェンドン》薬燉排骨」というお店でした。

熱気あふれる夜市の中、汗をかきながら骨付き肉にしゃぶりつく地元の人たち。

食べ終わり、机の上に無造作に置かれた骨、骨、骨。これぞアジアの光景！　と思わず席に座って注文しました。以来ずっと虜になっ

ています。
熟地黄《ジュクジオウ》、当帰《トウキ》、川芎《センキュウ》、桂枝《ケイシ》、白芍《ビャクシャク》、枸杞《クコ》など、**さまざまな生薬を豚肉と一緒に煮込んでいる**ので、スープは独特な漢方系の味がするものの、飲めば飲むほど体がよろこんでいるような感覚になります。料理名に薬を意味する「薬」がついているのも納得してしまいます。「苦手で食べられない」という日本人にまだ出会ったことがないので、**意外と日本人の口に合う**のかもしれません。

排骨とは豚のあばら肉のことですが、スペアリブのようなバラ肉の部分もあれば、背骨の部分の肉も入っています。どの部位があたるかは運しだい。

肉は豆瓣醤《ドウバンジャン》をつけていただくと最高です。やはり肉は骨付きがおいしいですね。

基本的なスープの味付けは一緒ですが、スープの濃さや深み、骨についた肉の量などお店によってさまざま。また羊肉や土虱と呼ばれるヒレナマズの薬燉を楽しめるお店などもあります。

台湾ならでは！
ヒレナマズ
土虱
同じスープでも具材がいろいろあるんだけど…オススメがこれ！
食べるのに勇気いる見た目だね～
台湾のローカル食を堪能するならぜひ味わうべきっ
豆瓣醤で味変もオススメ
カラ
ぺろっと完食！
ドーン
食感は鯛！
肉厚
箸がスッと入るやわらかさ♪
クコの実たっぷり
プリプリ
ヒレナマズとは…
55cm前後
ナマズ目：ヒレナマズ科
英名：ウォーキングキャットフィッシュ
生息地：東南アジア・インド
お店の紹介は次ページ！

燉を食べるならココ！

陳董藥燉排骨《チェンドンヤオドゥンパイグゥ》

MRT松山

どの部位が当たるかは運しだい 饒河街夜市の必食の薬膳スープ

饒河街夜市《ラオハージェイエスー》にあり、一般的な「薬燉排骨」よりも食べやすいのが特徴。漢方の風味とともに、豚のエキスもしっかり引き出されているのでうま味も十分です。エキスを味わう料理なので、肉は“おまけ”で日によって食べられる部位は違いますが、背骨周りの肉が当たればラッキー！　ジューシーで最高においしいです。

DATA MAP P.164-1

住 台北市松山區八德路四段757號
☎ 0910-901-933
営 17:00～深夜0:00
休 無休、除夕

藥燉排骨《ヤオドゥンパイグゥ》 75元

上／１カップにつき６～７個の骨（部位）が入っています。豆板醤を肉につけたり、スープに投入すると辛うま度が増して美味。
左下／店頭に並ぶ大きな寸胴で大量の排骨を煮ています。羊肉を使った「薬燉羊肉《ヤオドゥンヤンロウ》」もオススメ。薬膳の風味で羊肉独特の個性を調和。

良友枸杞土虱《リャンヨウゴウチートゥーシー》

MRT大橋頭

グルメ夜市、延三夜市《ユエンサンイエスー》の 巨大なヒレナマズの薬膳スープ

大橋頭駅からすぐの延三夜市にある、薬燉排骨のヒレナマズ版「枸杞土虱」が食べられるお店。黒い身がど――ん！　見た目に尻込みしそうですが、そのインパクトに反して、白身魚のような繊細な味わい。ゼラチン質のプルプル感もおいしいです。魚自体の味は薄めなので、好みでテーブル調味料の豆板醤をつけていただきましょう。

DATA MAP P.165-1

住 台北市大同區延平北路三段45號
☎ 0939-433-130
営 12:00～翌3:00
休 無休、除夕、初一

枸杞土虱《コンチートゥースー》 70元

上／肉厚なのに箸がスッと入るほどのやわらかさ。脂っこい？と思いきや意外と淡白な味わいです。クコの実入りでほんのり甘みが。
左下／「骨ばっかり！」となりがちなですが、ここの「薬燉排骨」（70元）は肉がしっかりと付いています。

column

知っとく情報

2

台湾でもクラフトビールが大人気！ フルーツビールなど個性豊かな味わいもあり

[啤酒《ピージョウ》]

暑い台湾で飲むスッキリとした味わいの台湾ビール（啤酒）、最高ですよね。旅先という非日常効果もありますが、じつはおいしい理由があります。台湾ビールは米を使用することで、麦だけよりもスッキリ感を際立たせているんです。

最近は台湾各所で個性的なブリューワーが登場し、さまざまなクラフトビールが味わえるようになりました。中山駅付近の裏手通りにあるビアバー「61NOTE《リョウスーイーノート》」では、8種類の生クラフトビールを常備。台湾マンゴーを使ったマンゴービールや、ホップの香りを全面に押し出した苦味の強いビールなど、台湾ならではの個性豊かな味を楽しむことができます。

写真左は「Bloch, Mango Beer」。マンゴーの香りと甘みが強く、独特の酵素も感じられます。ラズベリーとブルーベリーの酸味がある「Brewing Co., Berry Berlin Weisse」（写真右）は、フルーツワインのようなおいしさ。

生ビールは全種類試飲可能。不定期で入れ替えがあり、訪れるたびに新しい味に出会えるかも!?

お煎餅のようなパリパリのクリスピーポーク（写真）や滷味など、おつまみも充実。

DATA MAP P.167-3

リョウスーイーノート
61 NOTE

MRT中山

住 台北市大同區南京西路64巷10弄6號
☎ 02-2550-5950 営 12:00～21:00
休 月、旧正月期間は未定

台湾の漢字

8

Zhà

炸《ジャー》

油のはぜる音をBGMに揚げたてをほおばる幸せ

「炸」には日本語で「はじける」という意味がありますが、台湾では「油で揚げること」を意味します（ちょっと似ている?）。

「煎」は少量の油で焼くという意味ですが、「炸」は大量の油を使って揚げるという意味です。そしてまわりがクリスピーになるまで揚げた状態を「脆皮《ツウェイピー》」といい……揚げ物天国の台湾には、油を使った料理を表す文字のバリエーションが豊富。現地の人たちは揚げ物が大好きです。

「炸」でまず思い浮かぶのは炸雞《ジャージー》、フライドチキンでしょう。

一般的に炸雞といえば、肯徳基《ケンダージー》（ＫＦＣ）のような形状をしたフライドチキンのことですが、**鶏のむね肉やもも肉を平べったくして揚げたものを雞排《ジーパイ》**と呼びます（ちなみに、チキンナゲットは「炸雞塊」です）。士林夜市《スーリンイエスー》にある「豪大大雞排《ハオダーダージーパイ》」は、人の顔ほどもあるビッグサイズの雞排で有名になりました。

フライドチキンは夜市の定番、人気のある軽食です。「惡魔《アーモー》雞排」の辛味をきかせた狂爆《クゥアンバオ》雞排、「2派克（Two Peck）」の衣がカリカリでフリッター状の「脆皮雞排《ツェイピージーパイ》」など、各店がさまざまな工夫をこらしています。

「炸」に関連して「酥《スウ》」も紹介しちゃいましょう。**「酥」にはサクサクした歯ざわりという意味**があり、揚げ物系の料理やパイ生地のお菓子、スナック菓子などによくその文字を見つけることができます。

おもしろいのは、パイナップルケーキを「鳳梨酥《フォンリースウ》」と書くこと。日本人には、どちらかというとしっとりに近いイメージがありますが、台湾の人たちにとってはあくまでもサクサク。イメージの違いが興味深いですね。

炸 を食べるならココ！

大雞排《ダージーパイ》 70元

士林豪大大雞排《スーリンハオダーダージーパイ》

MRT士林

巨大チキンといえばここ
顔より大きい圧巻サイズ

台北でいちばんにぎわう士林夜市《スーリンイエスー》の中でも、フライドチキンといえばここ。とにかくその大きさに圧倒されますが、さっぱりしたむね肉を揚げているからか最後まで飽きることなく食べられます。衣に粒あられのようなものがまぶしてあり、カリカリとジョリジョリのダブルの食感がおいしい。近年、西門や台北駅の地下街などにもお店ができたので、時間がない場合はそちらでどうぞ。

上／衣の表面をよく見ると粒々としたものが。味付けはコショウとチリパウダーが振りかけられています。下／オリジナルの揚げ粉においしさの秘密あり。

DATA MAP P.168-7

住 台北市士林區文林路113號
☎ 02-2995-7978
営 14:30～深夜0:00
休 無休、除夕

左／大量の油で手際よくカラッと。行列に並んでいる間に支払いをすませます。右／次々売れるのでいつでも揚げたてが食べられる！

惡魔雞排《アーモージーパイ》 80元

上／この肉厚さはなかなかない！　鶏肉はふっくらとやわらか。かぶりつくと幸せな気持ちに。左下／注文を終えると悪魔マークの番号札が渡されます。この札をもって揚がるのを待ちましょう。

惡魔雞排《アーモージーパイ》

MRT士林

ジューシーな悪魔チキン 分厚さはここに勝るものなし

ラインナップは「惡魔雞排《アーモージーパイ》」と「狂爆《クウアバオ》雞排《ジーパイ》」（80元）の2種類。とくに「狂爆雞排」は辛口パウダーがたっぷりとふりかけられ、汗が噴き出る辛さです。またこのお店の特徴は、肉厚なむね肉を使っていること。硬めの衣で揚げられ、外はガリガリ、中はふわふわです。

DATA　MAP P.168-7

住 台北市士林區大南路49號
☎ 0906-246-969
営 月～木16:00～深夜0:00、金～日15:00～翌1:00
休 無休、除夕

脆皮雞排《ツェイピージーパイ》 65元

上／甘みのあるジャンキーな衣が人気の秘密。左下／メニューにはたくさんの食材が並びます。

2派克《トゥーパイクー》 (Two Peck)

MRT雙連

フライドチキンの有名チェーン 衣の甘みにヤミつき必至

台湾全土のみならず、中国やアメリカでも展開しているフライドチキンのチェーン店。フリッターのような衣が特徴的で、ジューシーなチキンと衣の甘みの相性がとっても美味！　チキン以外にもイカや野菜、ポテトなどいろいろなメニューがありますが、まずはチキン一択で間違いありません。

DATA　MAP P.167-3

住 台北市大同區民生西路167號
☎ 02-2557-8735
営 15:30～23:00
休 日、政府の定める旧正月期間は未定

＼これも食べたい！／

鹽酥雞《イエンスージー》

台湾の人たちが大好きなサクサクな夜市料理

「鹽酥雞」（鹹酥雞とも表記される）は台湾の人たちが最も好きな夜市グルメ、台湾式からあげです。一口大の鶏肉に衣をつけてサクッと揚げ、香辛料のきいた塩コショウやニンニクで味付け。鶏肉は心臓やぼんじり、内臓など、さまざまな部位が選べます。

買い方は「滷味《ルーウェイ》」と似ていますが、師大夜市にある有名店「師園」を例にご紹介します。

鶏肉のほか、野菜や練り物など、たくさん種類があり、目移りしてしまうほど。軽くつまむ程度であれば3～4種類程度選ぶのがオススメです。

野菜や練り物なども豊富。具材は1種類につき何個もザルに入れる必要なし。量はお店の人が調整をしてくれます。

1

鹽酥雞の買い方
in 師大夜市
レッツゴーーッ

2

手順はカンタン！
ザルに好きな食材を入れていき
店員さんに渡しましょう

オススメは揚げてこそおいしい花枝《ホワジー》丸《ワン》（イカ団子）と、杏鮑菇《シンバオグゥ》（エリンギ）、そして四季豆《スージードウ》（インゲン）。

3

4

サクッ

味付けは塩コショウ
シナモンぽさあり!
フリフリ〜
ニンニクありがオススメ…
ガツン

鹽酥雞《イエンスージー》（小）30元

ビール飲みたーいっ
揚げたてサクサク!

※師園にはビールはありません※

香辛料のきいた塩コショウ味がハマる。米と豚の血を固めた「米血《ミーシェ》」(20元）はカリッ、ムチッとした食感で夢中になる味。

味付けは原味《ユエンウェイ》（塩コショウ）、蒜味《スワンウェイ》（ニンニク味）、辣味《ラーウェイ》の３種類。はじめての場合はイラストの原味＋ニンニクをぜひ！

紙袋に入れてくれるので、竹串で刺して食べましょう。

ここで食べよう！

DATA MAP P.168-5

師園《シーユェン》

MRT古亭

イートインコーナーを併設。店内を利用する場合は飲み物を１杯注文します。一人あたり予算約100元が目安。

住 台北市大安區師大路39巷14號
☎ 02-2363-3999
営 12:00〜翌0:30
休 無休、除夕〜初五

師園

ビールと楽しむならテイクアウト

ビールはコンビニなどで調達しましょう。台湾ではアルコールを提供しない飲食店がわりとあります。

臭豆腐《チョウドウフ》

個人的に外せない「炸」に「炸臭豆腐《ザーチョウドウフ》」があります

揚げることでマイルドに
ザクザクした皮が美味
炸臭豆腐

臭豆腐《チョウドウフ》（大）65元

キャベツの酢漬けと醤油ベースの辛いソース、ニンニクや豆瓣醤と一緒に。サクサクの皮の中にはじゅわっとうま味たっぷりの豆腐が。

揚げることで独特な匂いがマイルドに。本来は油で揚げるので「炸臭豆腐」ですが、メニューには「臭豆腐」と書かれることが多い。

夜市に行って、強烈な匂いにギョッとしたことはありませんか。その匂いの元が臭豆腐。豆腐を発酵液に漬けるため独特な匂いを放つのですが、ひるまず食べてみると「こんなおいしさもあったのか！」とハマります。

私はこの臭豆腐が本当に大好きで、台湾に来た人には必ずオススメしてしまうほど。とはいえ匂いも味も強烈なお店があるので、はじめての人や以前食べたけど苦手だった……という人にも食べやすい臭豆腐を紹介しましょう。

「大腸麺線《ダーチャンミェンシェン》（小）」（50元）も大腸がゴロゴロ入ってオススメ。

ここで食べよう！

DATA MAP P.167-4

阿泉麵線《アーチェンミェンシェン》

MRT台北

麺線の人気店だが、臭豆腐をオススメ。朝の時間帯は朝食メニューを提供していて、臭豆腐は食べられないので注意。

住 台北市中正區許昌街26-1號
☎ 02-2389-7687 営 7:00～23:00(臭豆腐は11:30から販売) 休 無休、除夕～初五

鍋の具に入れたら
台湾全土に人気拡大

臭臭鍋

鍋専門店なので、「臭臭鍋」のほかに「海鮮豆腐鍋」「沙茶魚頭鍋」などもあり。

具材は追加注文が可能。写真はイチオシ「豆皮」(35元)。スープを吸うとめちゃウマです。

大腸臭臭鍋《ダーチャンチョウチョウグゥオ》 130元

煮込むとモチモチ感がアップしてよりおいしくなる! 「豬血糕」(15元)。

一人用鍋でも具はもりだくさん。臭豆腐の匂いにはすぐに慣れ、おいしさに気づくでしょう。

店頭ではいくつものガスコンロを使って一人用鍋を調理しています。

ここで食べよう!

DATA MAP P.167-4

三媽臭臭鍋《サンマーチョウチョウグオ》

MRT西門

ローカルに人気の一人鍋専門店。鍋の具に臭豆腐を入れたことで人気に火が付き、台湾全土でチェーン展開をしている。

住 台北市萬華區昆明街85號
☎02-2375-7763 営 11:00〜翌1:30 休 無休 除夕〜初五

「炸臭豆腐」は臭豆腐を油で揚げるためマイルドになっています。キャベツの甘酢漬けをそえて食べると、ザクザクした食感、内側から豆腐のエキスが染み出し最高です。「臭臭鍋」の文字を見ると、どんだけ臭いのだろう……と心配になりますが、スープには台湾鍋のタレで人気の沙茶醤が入っており、さまざまな具材を煮込むことで、スープが染み込みタレがなくても美味しく食べられます。白飯もついてきてボリュームもあるため、地元民に人気のチェーン店です。

台湾の漢字

9

Kǎo

烤《カオ》

おひとり様用〝北京ダック〟で ひとりごはん天国を満喫

台湾では焼肉のことを烤肉《カオロウ》といいます。「烤《カオ》」とは焼く、炙るの意（ちなみに日本語の「焼く」に近いのは「焼《シャオ》」という文字で、ローストチキンは焼雞《シャオジー》と表記します）。

じつは旧暦8月15日の中秋節には台湾のいたるところで烤肉（ＢＢＱ）が行われるのをご存じですか？

公園や商店街、道端などいたるところから煙が上がり、よい匂いが台湾全土を覆うほど。この風習はここ30年程のもので、焼肉のタレのメーカーが「中秋節には焼肉をしよう！」と宣伝したところ、月見をしながら焼肉を楽

しむことが定着したそうです。

そんな「烤」ですが、日本人がもっとも大好きな「烤」といえば北京ダック（烤鴨《カオヤー》）でしょう。そして今回、なんと一人烤鴨ができるお店を発見してしまいました！

残念ながら店内で食べることはできませんが、半羽分から購入でき、340元。包む皮やソースはもちろん、身を切り取った骨を台湾バジルや唐辛子などで炒めた香炒鴨骨《シィヤンチャオヤーグゥ》も付いてくる太っ腹なセットです。

そして屋台料理からもう一品、微笑碳烤《ウェイシィャオタンカオ》の炭烤（串焼き）をオススメします。

これは好きな食材を選び、炭火で焼いていただく串焼きを楽しめます。しかも、こちらのお店ではタレをつけて焼く前に一度素揚げしているのでパリッと香ばしく、ただの串焼きとは一味違ったおいしさ。

どちらの「烤」もビールとの相性は抜群です。テイクアウトした「烤」をおかずに、ゆっくり晩酌するのも旅の楽しみの一つです。

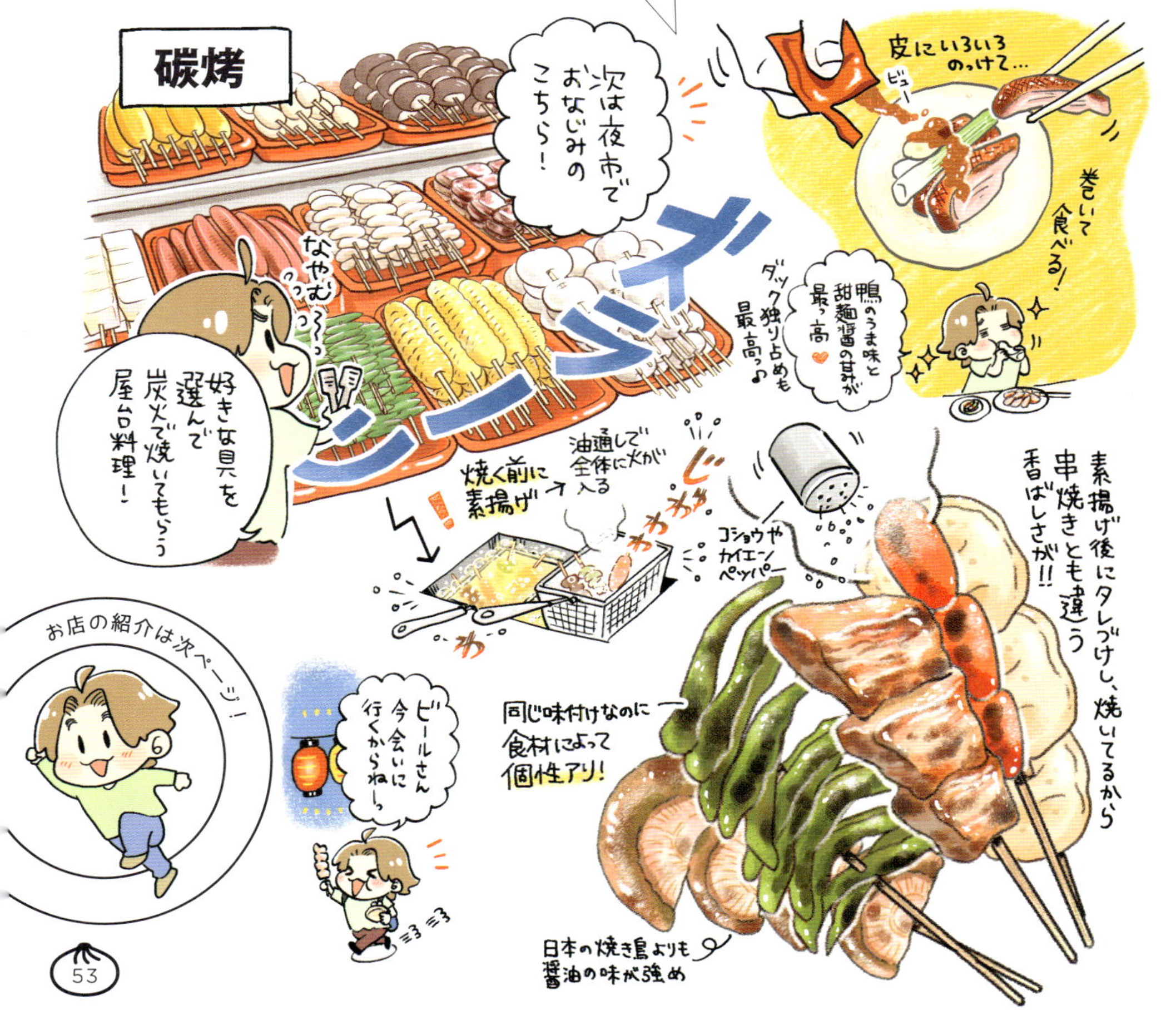

烤　を食べるならココ！

カオヤー
烤鴨《カオヤー》（半隻《パンジー》）340元

金馥記脆皮烤鴨《ジンフージーツェイピーカオヤー》

MRT雙連

皮から染みだす脂が最高 烤鴨のテイクアウト専門店

日本では北京ダックでおなじみ、ローストダックのお店。小ぶりで肉質がしまった台湾産の鴨を使い、オリジナルのタレでじっくり焼き上げたローストダックは、皮と身はジューシー。鴨《ヤー》餅《ビン》（薄餅とも言う包むための皮）に包んで食べると、皮からじんわりと肉の脂がしみだし、タレと絡んで最高の調味料に。半身から購入でき、1羽でも630元です。

上／店頭に吊るされた飴色に輝くローストダック。最高の眺め！
下／注文が入ってから食べやすいサイズに切ってくれます。

DATA　MAP P.167-3

住 台北市大同區民生西路164號
☎ 02-2552-1669
営 10:30〜19:30
休 無休、初一〜初五

左／半身のセットでこんなにもりだくさん。右下は鴨の肉を台湾バジルで炒めた「香炒鴨骨」。
右／実際に包むとこんな感じ。台湾式にならいニンニクスライスを入れました。

碳烤《タンカオ》 1本15元～

微笑碳烤《ウェイシャオタンカオ》

MRT中山

炭火で焼いて油で揚げた台湾流の串焼き

台湾串焼きを食べるなら、寧夏夜《ニンシャーイエ》市《スー》のこちらへ！　肉や野菜、ウインナーや練り物など、串に刺さったさまざまな食材が所狭しと並び、どれを選べばいいか迷ってしまうほど。一度素揚げをすることで外側がパリッと焼きあがったうえに、タレをつけて焼いているので、串焼きとも違う香ばしさがあります。ビールはもちろん、白飯が欲しくなること間違いなしです。

上／肉、野菜、豆腐など好きな具材を焼き上げてくれます。下／串は1本15～100元、一人当たり70～150元が平均予算。

DATA MAP P.167-3

住 台北市大同區寧夏路35號
☎ 02-8531-1092
営 17:00～翌1:30
休 無休、旧正月期間は未定

左／選んだ串はザルへ。オーダー時に塩コショウや梅パウダーの有無、辛さを選択。はじめての場合は原味《ユェンウェイ》がオススメ。右／オーダー後に番号札をもらえるので、これを持って完成を待ちましょう。

釣蝦《ディヤオシャー》

エビを釣ってその場でいただく台湾アクティビティー

入口右側のカウンターで希望の時間を伝え、料金を支払います。

こんな感じにセッティング

竿をレンタルして好きな場所を確保。カウンター横の冷蔵庫から餌の小エビも取り出します。

店内に入ると奥にプールのような釣り堀が登場。

エビ釣りとは、屋内の釣り堀でエビを釣り、その場で釣ったエビを焼いて食べる台湾きってのアクティビティー。これもいわゆる「烤《カオ》」の一種です。

台北に赴任後すぐに体験して夢中になり、いまや私の腕前はプロ級です。松山空港方面、濱江市場のすぐ近くによいエビ釣り場を見つけたので、駆け足ですが楽しみ方をご紹介します。

ビールなどの飲み物はセルフで取り出し、カウンターで支払います。

青くキレイなエビ出現。針をはずしたらお待ちかねの烤タイム。

突然浮きが水面に沈んだらエビが餌に反応した瞬間。ここで数秒待ち、一気に竿を引きます。

水洗い後、頭のほうから串を打ち、塩をしてガスコンロへ投入。

中までしっかり焼いて完成。身はプリプリ、焼けた塩の香りもたまりません。

DATA

MAP P.166-2

新豪釣蝦《シンハオディヤオシャー》

MRT行天宮

エビは釣り放題、料金は時間制（1時間350元、2時間600元）で竿や餌は料金に含まれています。

住 台北市中山區民族東路91號
☎ 02-2517-0108
営 24時間営業
休 無休、旧正月期間は未定

Gāo

糕《ガオ》

B級グルメのダークホース 米&肉のおかずプリンが熱い

台湾で「糕」という文字を見かけるとしたら、ほぼパン屋かケーキ屋でしょう。

「糕」という文字には米粉や小麦粉を練り、食材を加える、味付けをするという意味があります。たとえば蛋（卵のこと）+糕は蛋糕《ダンガオ》となり、ケーキの意。

〇〇糕という表記を見たら、だいたい何らかの塊、ケーキみたいなもの？　と推測すればあながち間違いではないでしょう。

巨大な夜市で有名な士林夜市には、人気の蛋糕があります。店名は「源味本鋪古早味現《ユエンウェイヘンブウグゥザオウェイ》烤蛋糕《シェンカオダンガオ》」。いわゆるカステラのようなスポン

ジケーキなのですが、たたみ半畳ぐらいありそうな巨大サイズにまず驚きます。そして、焼きたてがオーブンから運ばれ、ぷるぷるとゼリーのようにゆれながらカットされる様子に完全にノックアウトされます。

しかし例外もあります。「糕」はスイーツだけでなく、おかずの場合も。隠れB級グルメとしてファンの多い「米糕《ミーガオ》」は、もち米を蒸してプリンのような円錐台状にし、豚肉をのせるのが一般的。まさに〝米のケーキ〟といった風貌です。

そして忘れてはならないのが、「豬血糕《ジューシエガオ》」でしょう。これは豚の血のケーキ……ではなく、豚の血をもち米と一緒に蒸して固めたもの。世界の奇妙な食べ物TOP10にもランクしたことで有名になりました。

と聞いてもあまり食べたくないですよね。豬血糕自体にあまり味はないのでご安心を。もち米のモチモチ、クニュクニュとした食感にピーナッツ粉やパクチー、辛い味噌風の味付けが加わって絶妙なおいしさ！　個人的に大好きな食べ物の一つです。

糕 を食べるならココ！

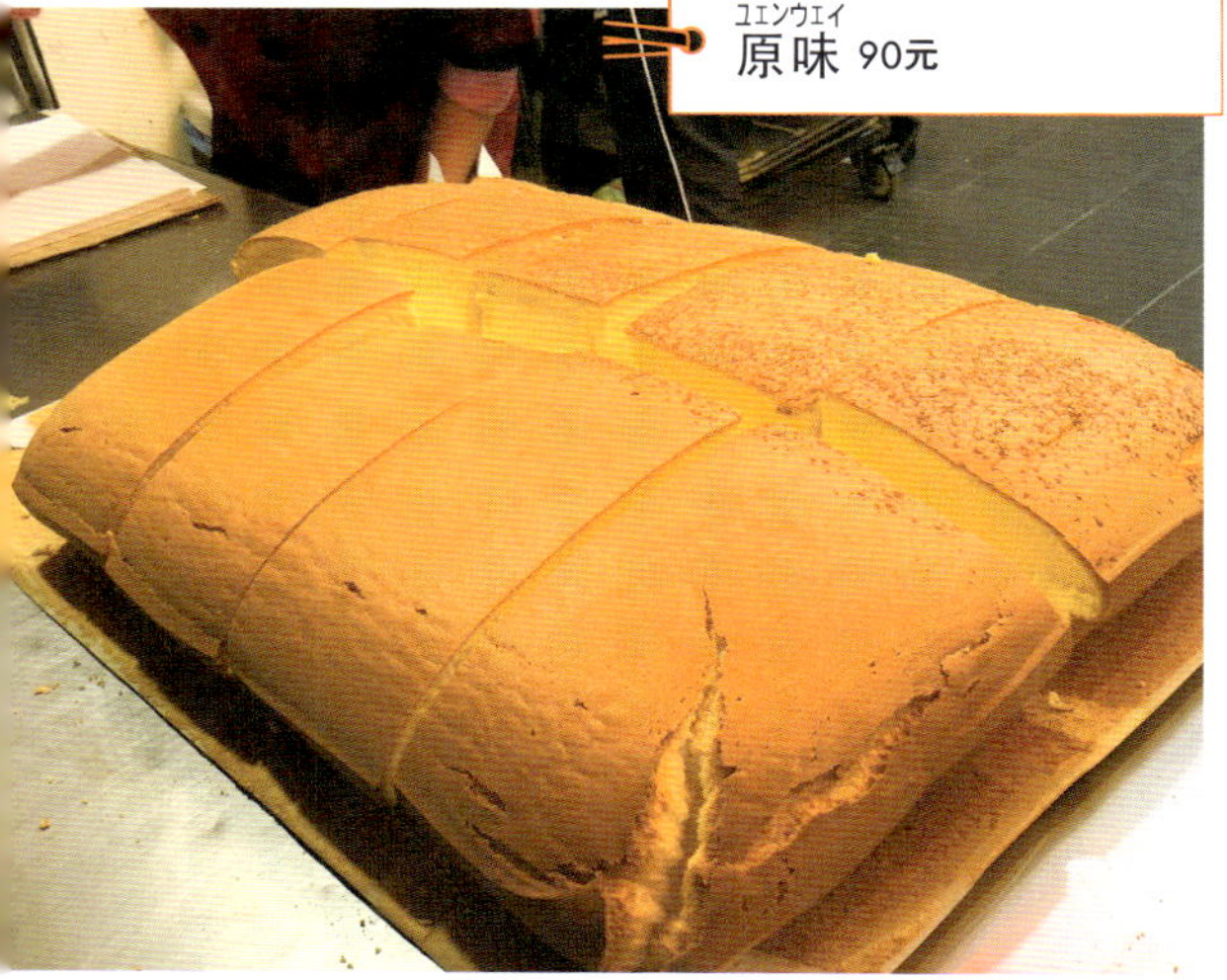

原味《ユエンウェイ》 90元

源味本鋪古早味現烤蛋糕《ユェンウェイベンプーグーザオウェイシェンカオダンガオ》

MRT士林

このプルプルがたまらない！ 台湾で人気の焼き立てケーキ

淡水に店を構える人気店。淡水までは台北からMRTで40分かかりますが、支店が士林夜市にあります。「古早味」（昔ながらの味）と謳っているだけあって、卵の味わいが濃く、昔のカステラを思わせる懐かしい味。外側はサクッ、内側はフワッ、生地はぷるぷるとゆれるほどの弾力があります。

DATA

MAP P.168-7

住 台北市士林區大南路53號
☎ 02-2881-8985
営 8:00〜22:00
休 無休、旧正月期間も無休

上／卵本来の味を楽しめる原味が人気。焼き上がりと同時に切り分けるので、アツアツを買うことができます。これでたたみ約半畳サイズ。下／元が大きいので、1ピースでもケーキの箱丸々一つ！埋まります。

左／この密度感！一口サイズにちぎっていただきます。
右／中からとろ〜んとチーズが溶け出し、ケーキの甘みとチーズの塩けの両方が味わえます。

黄金起司口味《ホワンジンチースーコウウェイ》 130元

肥肉米糕《フェイロウミーガオ》 30元

上／にぎりこぶしほどの小ぶりサイズなので、小腹が空いたときの軽食としてもオススメ。左下／豚の血とカキ入りのスープ「蚵仔豬血湯」はしょうががきいていて、体の芯から温まる味付けです。

大橋頭老牌筒仔米糕《ダーチャオトウラオパイトンザイミーガオ》

MRT大橋頭

老舗のお店に行列あり 大人気の米糕は必食の一品

見た目よりあっさりした味付けなのでトッピングのお肉は脂身多めの肥肉がオススメ。米糕と一緒に「蚵仔豬血湯《オーアージューシエタン》」(70元)をぜひ！　カキと豚の血を固めた猪血が入ったスープで、豚の血!?と思うかもしれませんが、動物の血を食べることで悪い血を外に出すという考え方によるもの。滋養強壮効果があります。

DATA MAP P.165-1

住 台北市大同區延平北路三段41號
☎ 02-2594-4685
営 6:00～18:00
休 火、除夕～初五

豬血糕《ジューシエガオ》 35元

上／見た目はまるで串揚げ。豬血糕自体には味がなく、お餅のような食感。左下／松山空港の少し先にある内湖エリアの夜市、内湖737巷夜市から出店しているお店です。

豬大郎《ジューダーラン》

MRT中山

医食同源の考え方で「血」を食す おいしいから一度はどうぞ！

台湾では日常的に血を食に取り入れる習慣がありますが、豬血糕もその一つ。注文すると、モクモクと蒸気が上がる箱から“黒光りした餅”が登場。これが豬血糕です。辛い味噌味のタレをつけ、パクチーとピーナッツ粉をまぶしていただくと、見た目よりおいしい！と驚くはず。モチモチした食感もきっと気に入るはずです。

DATA MAP P.167-3

住 台北市大同區寧夏路(寧夏夜市内)
☎ なし
営 17:00～深夜0:00
休 無休、旧正月期間も無休

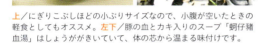

台湾の漢字

11

圓《ユエン》 Yuán

ぷるんぷるんでプリンプリン！詰まっているのはおいしさです

「圓」は円の旧字体で、「まる」の意味。粉《フェン》圓《ユエン》はタピオカ、湯圓《タンユエン》はもち米粉で作る団子、芋頭圓《ユートウユエン》はタロイモの団子のことなので、とくにスイーツ店でこの文字をよく見かけるはず。

「圓」＝なにか丸い食べ物のことです。

さて、もっとも有名な「圓」料理といえば、「肉圓《ロウユエン》」があげられます。

日本の某人気アニメ映画の冒頭で、主人公のお父さんがプルプルとした大きな丸いものを食べて豚になってしまう様子が描かれていますよね。あれがまさに肉圓です。

米粉とさつまいも粉で作った生地で肉餡を

台湾代表！『圓』といえば…！
肉圓
台湾語では「バーワン」
直経 約10cm
パクチー
プルッ
米粉とさつまいも粉を使った皮
プルル
コク甘ダレ(八丁味噌っぽい)
蒸したり、低温の油で調理(お店によって違う)
圓＝丸いものが出てくる！という感じ
粉圓(タピオカ)
湯圓(温かいお団子)
圓は円の旧字体で「丸」の意味！
まるっ
つかめちゃう
プルン
プルン
豚肉・筍・しいたけ
中には肉餡!!
甘じょっぱいタレとプルプルの皮がトロけあって不思議な食感～
ほんのり五香粉の香り…

包み、蒸したり、揚げたりして調理するのが一般的。肉餡には筍やしいたけを混ぜ込んだり、紅麹を使って肉餡に赤色がついた紅糟肉圓などもあります。とくに蒸した「肉圓」の見た目は透き通ってぷるぷるしていて、誰しもが「食べてみたい！」と思わせる魅力があります。

ついでに、「貢丸《ゴンワン》」もご紹介しましょう。**「貢丸」とは豚肉すり身の肉団子**のことで、「圓」こそついてないもののこちらも丸い食べ物です。しいたけやセロリを混ぜ込むこともあり、スープに入れて、貢丸湯として味わうことが多いでしょう。

日本の肉団子とは違うブリブリでものすごい弾力タイプもあり、肉団子の食感がお店の個性を決めるといってもいいほど。私のまわりでも台湾で食べてハマる人が多いです（ちなみに魚のすり身の団子を「魚丸」と言います）。

ちなみに「貢」は「ゴン」と読むのですが、むかし豚肉を木の棒でたたいてすり身をつくる際に、「ゴンゴン」という音がしたので、同じ音の「貢」を使ったという説もあります。

圓 を食べるならココ！

蘇家肉圓油粿《スージャーロウユェンヨウグオ》

MRT龍山寺

台湾語では「バーワン」
台湾小吃を語るならこれは必食

肉餡のまわりの皮はゼラチンのように透明でプルプル。これはさつまいもの粉を使っているためです。蒸した後に油で調理していますが、低温にすることでコクを加えつつ、プルプルはキープ。独特な食感を生み出しています。定番の肉や筍のほかに、大きな栗が入っているのもうれしい！　タロイモ粉と米粉の皮を使う「油粿《ヨウグオ》」も丸いおかずの一つ。こちらもオススメです。

肉圓《ロウユエン》 40元

油粿《ヨウグゥォ》 85元

上／切れ込みにそってくずしながら、具とタレをからめていただきます。タレは甘辛の醤油と八丁味噌のような風味。下／こちらの皮にはタロイモ粉と米粉を使用。具は同じですが食感が異なり、また違ったおいしさ。

DATA MAP P.169-10

住 台北市萬華區三水街109號
☎ 02-2302-6595
営 10:00～20:30
休 火、除夕～初二

左／蒸したあとに低温の油で調理している様子。こうすることで、皮のコシ（台湾では「Q度」で表します）が増すとのこと。
右／四神湯《スーシェンタン》（45元）は肉圓や油粿と一緒にどうぞ。

四色貢丸《スーサーコンワン》 100元

爆漿大貢丸《バオジャンダーゴンワン》

MRT大直

食べたときの弾力感は最上級 台湾肉団子の頂点はここ！

「貢丸」のウリはなんといってもその歯ごたえ。噛むと押し返すような弾力があり、中からジワ～ッと濃厚なうま味が出てきます。定番の肉本来の味が楽しめる原味やしいたけのほか、イカスミや紅麹を練り込んだ変わり種が入った「四色貢丸」はいろいろな味が楽しめるのでオススメ。醤油ベースのスープにもすり身のダシが染み出し、薄味ながらコクを感じさせる味わい。

貢丸湯《コンワンタン》 40元

上／貢丸には食べやすいように十文字に切り込みが入っています。
下／ベーシックな豚肉の貢丸が入った、お店イチオシの招牌。

DATA MAP P.169-11

住 台北市中山區北安路534號
☎ 0936-162-425　営 12:00～22:00
休 月、除夕～初四

通路にテーブルとイスを並べただけのローカル感満載のお店。左の立て看板に写っている男性はこのお店のオーナーです。

台湾の漢字

⑫

Sān bēi

三《サン》杯《ベイ》

3つの調味料を一杯ずつだから三杯

台湾の人たちが大好きな味付けの一つに「三杯」があります。醤油、麻油（ごま油）、米酒（酒）をそれぞれ1杯ずつ使う、だから「三杯」ということですね。

いちばん有名な「三杯」は鶏肉を使用した三杯雞《サンベイジー》でしょう。

ぶつ切りにした骨付きの鶏肉と一緒にショウガや唐辛子、九層塔《ジョウツエンター》と呼ばれる台湾バジルを鉄鍋で炒め、仕上げに「三杯」を加えて、一気に味付けします。ジュージューと音をたてながら熱々の状態でテーブルに運ばれてくる姿はお店の注目の的《まと》です。

台湾系居酒屋でよく見かける「三杯」の文字
三杯蛤
三杯蝦
三杯中巻
etc…
じつは味付けのこと！
台湾の人たちが大好きな味です♪
じゅう
じゅう
九層塔
（台湾バジル）
なかでも定番はこちら！
三杯雞
アツアツの鉄板
醤油ベースの甘辛煮に似てるけど…
やっぱ異国なかんじ！
しょうがとごま油がきいてるねぇ

日本でもおなじみの調味料を使っており、醤油ベースの甘辛煮といった見た目ですが、そこはやっぱり異国の味。ショウガやバジルがよい仕事をしており、白いご飯にぴったり！　「三杯」は街の食堂や熱炒《ルァーチャオ》と呼ばれる台湾式居酒屋でいただくことができます。

鶏のほかにも蛤《ガー》（はまぐり）、蝦《シャー》（エビ）、中巻《ジョンジェン》（イカ）、杏鮑菇《ジンバオグー》（エリンギ）の「三杯」もありますが、めずらしいのは田雞《ティエンジー》でしょう。

この田雞って何かわかりますか？　田んぼの鶏、つまり田んぼにいる鶏のような味のもの……そう、カエルのことなんです（ちなみにエリンギはアワビのような食感があることから「杏鮑菇」と表記します）。

さて、三杯田雞ですが、見た目はカエルだとはわかりません。小さい鶏肉のようにも見え、肉の味も少し繊維質の細かい鶏肉といったところ。「これ、カエルだよ」と言われなければ、それとはわからないでしょう。

めずらしい食材をいただくのも旅の醍醐味。三杯田雞、ぜひトライしてみてください。

三杯　を食べるならココ！

三杯雞《サンペイジー》 170元

紅翻天生猛海鮮《フォンファンテェンシェンモンハイシェン》

MRT行天宮

何を食べてもおいしすぎる！超オススメの熱炒

台湾人から絶大な人気を誇る熱炒の一つ。一般的な熱炒と同じく海鮮モノも多く、きれいな店内でおいしい台湾料理がリーズナブルに食べられます。ビールには定番のしじみ醤油漬け「鹹《ギャム》蜆仔《ラーアー》」が外せません。また、日本では見かけないオオタニワタリという野菜の炒めもの「山蘇《シャンスー》」もオススメ。正直こちらのお店は何を頼んでも満足度が高いので、安心していろいろなものに挑戦できるでしょう。

DATA

MAP P.166-2

住 台北市中山區吉林路239號
☎ 02-2537-1629　営 17:00～翌1:30
休 無休、除夕～初三

三杯田雞《サンペイティエンジー》 170元

上／熱々の鉄鍋で調理されており、香ばしい匂いが食欲をそそる～。骨付き鶏肉を半羽ほど使っており、いろいろな部位が楽しめます。下／見た目は三杯雞ですが食材は田雞、つまり蛙です。鶏肉よりも肉の繊維が繊細で少し硬め。

左／店頭にならぶ魚介類。注文に応じてさまざまな調理方法を選べます。右／しじみをニンニクや唐辛子と一緒に醤油に漬けた「鹹蜆仔」。生と思われがちですが、貝の口が少しだけ開く１分ほどゆでてあります。

column 知っとく情報 3

漢字を見れば料理がわかるローカル食堂でのメニュー選びのコツ

[菜單《ツァイダン》] とはメニューのこと。台湾の飲食店にはいろいろなスタイルがありますが、高級レストランでなければ基本的に飲み物は店内の冷蔵ケースから勝手に持ってきてOK。あとからまとめて会計してくれます。じつは台湾には食事と一緒にお酒を楽しむ習慣がないので、ビールがないお店もあります（熱炒《ルァーチャオ》には必ずあり、ビール会社の売り子さんが常駐していることも。持ち込みOKなお店もあります）。ただし、ご飯はおかわり自由のお店が多いので、ご飯好きにはうれしいですね。

熱炒《ルァーチャオ》

台湾式の居酒屋。店頭に魚介類が並べられ、自由に選んで調理してもらうことができる。刺し身や海鮮系のおかずが豊富。

街の食堂

メニューが豊富だが基本的に料理写真がなく、何がどの料理なのか漢字を知らなければ難しい。その場で作る意味の「現炒《シャンチャオ》」と表記されることも。

小吃店

麺や魯肉飯といった手軽な料理が食べられるお店のこと。台湾のローカルファーストフード的な存在です。

さて、街の食堂に入ったものの、メニューを見てもどんな料理かわからない……という声をききます。

台湾の料理名は「調理法＋味＋食材」になっていることが多く、漢字の意味がある程度わかるようになるんですね。

たとえば、「糖醋排骨」で、骨付き肉の甘酢ソース、つまり酢豚の意味。飲食店でよく見かけるメニューを次のページにあげてみましたので、参考にしてみてください。

漢字を理解すると
食の幅が
広がります！

迷ったときは
「招牌」メニューを
頼めばOK

街の食堂でよく見かける おなじみメニューを解説します

**料理名のアルファベットは、その料理を撮影したお店の番号です。
詳細は次ページをごらんください。**

蒜泥《スヮンニー》

おろしニンニクソースをかけた料理。「蒜泥白肉」は豚肉、「蒜泥鮮蚵」は牡蠣にかけたもの。「蒜」はニンニクの意味なので、「蒜香魚片」で魚のニンニク炒めとなる。

蒜香透抽《スァンシャントウチョウ》 220元 A

透抽＝ヤリイカのニンニク炒め。ニンニクは香ばしい揚げたドライニンニクを使っており、酒のあてに最高。

孜然《ズーラン》

クミンのこと。「孜然羊肉」「孜然羊串」などで、焼いた羊肉をクミンで味付けした料理となり、居酒屋の定番メニュー。

椒鹽《ジャオユエン》

塩コショウ味。「椒鹹鶏肉」で鶏肉の塩コショウ炒めとなる。唐辛子なども入り意外と具だくさんな一品。「鹽蛋緑竹筍」でアスパラの塩漬け卵炒めのこと。

涼拌《リャンバン》

「拌」は混ぜるという意味なので、冷たい食材を混ぜたもの。冷製の前菜が多い。「涼拌小黄瓜」はキュウリのサラダ（おもにニンニク味）、「涼拌木耳」はきくらげのサラダ。

燴飯《ホイファン》

あんかけご飯のこと。牛肉燴飯で、牛肉の具材がのったあんかけご飯。

糖醋《タンツー》

甘酢ソースのこと。「糖醋排骨」で骨付き肉の甘酢ソース、つまり「酢豚」の意味。

ちなみに「咕咾肉」は玉ねぎやピーマンなどの具材がない酢豚となる場合が多い。また同じような料理で「京都排骨」というものもあり、タレに砂糖を多く使いより甘い味に仕上がっている。

蔥爆《ツォンバオ》

葱をたくさん使用した炒めもの。「葱爆牛肉」で葱と牛肉の炒めもの。醤油ベースの味付けが多く、おかずにぴったり。

蔥爆牛肉《ツォンバオニョウロウ》 150元 A

ネギと牛肉のシンプルな炒めもの。高温で一気に炒めているため、ネギのシャキシャキ感が残っておいしい。

鐵板《ティエバン》

鉄板の上にジュージューと音を立てながら提供される料理。「鐵板牛排」でステーキ、「鐵板豆腐」で豆腐ステーキのこと。甘い醤油ベースの味付けが多い。

什錦《シージン》

多種類の材料を取り合わせたという意味。日本でいう五目に近い。よく見かけるのは「什錦炒飯」「什錦湯麵」など。

什錦豆腐煲《シージンドウフバオ》 240元 B

野菜たっぷり土鍋豆腐。一気に火を通しているので野菜がシャキシャキしている。

家常《ジューチャン》

その地域や家庭にある食材や調味料を使用された味付けや料理。「家常麵」は家庭で食べられる麺という意味で、手作りの麺が多い。

家常豆腐《ジャーチャンドウフ》 130元 A

日本でいう五目豆腐のようなもの。醤油ベースの味付けでおかずにピッタリ！

沙茶《サーチャー》

沙茶醤という干しエビや葱、ニンニク、ピーナッツなどが入ったソース。鍋のタレでもおなじみだが、炒めものにも使用。沙茶醤で炒めた羊肉を「沙茶羊肉」。

蒼蠅頭《ツァイイントウ》

文字だと「ハエの頭」を意味するインパクトありすぎの料理だが、豚のひき肉と刻んだニラの茎を炒め、ニンニクや唐辛子、醤油、豆豉、花椒などで味付けし美味。四川料理の一つでもある。

蒼蠅頭　150元 A

菜脯蛋《ツァイプーダン》

台湾の定番家庭料理。切り干し大根が入ったオムレツ。台湾語の「ツァイポーヌン」として親しまれている。

菜脯煎蛋　120元 C

紅焼《ホンシャオ》

上海料理の代表的な調味法で、とろみのある醤油風味の煮込み料理。飴色をしている。

紅焼蹄筋煲《ホンシャオティジンバオ》　280元 B

中華風アキレス腱シチューのようなもので、土鍋でグツグツ煮て出てくる。

鹹蛋《シェンダン》

アヒルなどの卵を塩漬けした保存食の一つ。それ自体塩味がついており、調味料代わりにも。苦瓜などの野菜や豆腐一緒に炒められることが多い。お粥などにいれても美味。

煲《バオ》

土鍋でじっくりと煮込んだ料理など。広東・香港料理のお店でよく見かける文字。

客家《カージャー》

一般的には福建省や広東省などの中南部、台湾などに住み、移動してきた移住民のこと。独自の「客家語」を話し、客家料理もある。

客家小炒《カージャーシャオチャオ》　280元 B

代表的な客家料理の一つ。豚肉、スルメイカ、干し豆腐、セロリ、ネギなどの食材を醤油ベースの味付けで炒めたもの。

鳳梨《フォンリー》

パイナップルのこと。パイナップル料理の定番といえば、揚げたエビとパイナップルをマヨネーズであえた「鳳梨蝦球」が人気。

鳳梨蝦球《フォンリーシャーチョウ》　220元 A

宮保《ゴンバオ》

唐辛子炒めを表す。「宮保鶏丁」が有名で、鶏肉と大量の唐辛子を一緒に炒めたもの。お店によっては激辛。皮蛋と一緒に炒めた「宮保皮蛋」などもおいしい。

宮保皮蛋《ゴンバオピーダン》　200元 A

火が通った黄身の甘さと唐辛子の辛さの相性がよく、皮蛋を食べたことがない人もクセなく食べられオススメ。

沙拉《サーラー》

サラダのこと。「蘆筍沙拉」「苦瓜沙拉」でそれぞれ、アスパラのサラダ、ゴーヤのサラダとなる。

招牌《ジャオパイ》

お店の看板商品、イチオシのこと。メニューの左のいちばん上に表記されていることが多い。「招牌便當」で看板弁当となる。

創意招牌豬肝《チュァンイーザオパイジューガン》　130元 C

レバーをカリカリに素揚げし甘酢と絡めた"レバーの酢豚"といった料理。

清蒸《チンゼン》

一般的に魚料理に使われる調理法。魚を香味野菜と一緒に蒸し上げ、最後に熱した油をかけて香ばしく仕上げる。醤油ベースの薄味で魚本来のうま味を楽しめる。

ここで食べられます！

台湾にはおかず的な料理をいろいろ食べられるローカル食堂が意外と少ないんです。だからおいしいお店は地元の人でいっぱい。こちらがいまオススメの３軒です。

A 百里香小吃《バイリーシャンシャオツー》

MRT行天宮

おいしい街の食堂は
ローカル料理の宝石箱

さまざまな種類のおかずが充実しており、何を食べても満足できます。とくにオススメはピータンを唐辛子で炒めた「宮保皮蛋」や、豚肉とニラを炒めた「蒼蝿頭」(ともにP71参照) など。ご飯がすすんでしょうがない絶品おかずです。

DATA MAP P.166-2

住 台北市中山區民生東路二段147巷11弄2號
☎ 02-2501-4458 営 11:00～21:00
休 日、初一～初五

C 中央市場生猛活海鮮《ジョンヤンスーチャンシェンモンフオハイシェン》

MRT松江南京

深夜４時まで営業中
THE熱炒といえばここ

長安東路の台湾居酒屋が並ぶ、通常「熱炒ロード」の端にある大きなお店。熱炒ならではの魚料理はもちろん、「創意招牌豬肝」(P71参照) はレバーのおいしさに目覚めるかも!?

DATA MAP P.166-2

住 台北市中山區長安東路一段52-1號
☎ 02-2523-2017 営 11:30～14:30／16:00～翌4:00 休 無休、旧正月期間も無休

B 寶飽煲《バオバオバオ》

MRT士林

士林駅にある名店
何度も通いたくなる食堂

週末には予約でつねに満席状態。一品一品が素晴らしく、とくに豚肉やスルメイカなどを炒めた「客家小炒」(P71参照) は絶品。量が多いので複数人で行くのがオススメです。

DATA MAP P.168-7

住 台北市士林區福壽街3號 ☎ 02-2831-3481
営 11:30～14:00／17:30～20:30
休 月、除夕前日～初五

第2章

台湾グルメは魯肉飯、小籠包だけにあらず！

気になるあのメニューを徹底解剖

台湾の漢字

13

麺

miàn

ミエン

食べ歩きするほどに深い！台湾の極ウマ麺ワールド

台湾の麺料理ってホントに奥が深いです。「米苔目《ミータイムー》」という麺をご存じですか？　不思議な名前はその製法に由来するのですが（イラスト参照）、プツプツと短い形状はすするというより、**レンゲですくって飲むのが正解**。のど越しのよい麺です（デザートのトッピングにも使われます）。

中国大陸にルーツを持つ麺も多く、花椒ブームの昨今注目すべきは「燃麺」でしょう。「乾麺」のような**汁なしのモチモチ麺を麻辣《マーラー》ソースにからめて**いただきます。一口食べると痺れる辛さ、でもどこかさわやかで、辛さ

の奥にあるうま味を知るともう虜です！

麦文化の本領発揮ともいうべき、小麦粉の味わいを楽しめる麺もあります。

「熗熓麺《チィアングウオミエン》」は中国北部で常食されており、麺は平べったく少し厚みがあります。作り方に特徴があり、野菜と肉、卵を油で炒めてから、別鍋でダシと麺を煮込み、器に一緒に盛り付けるというもの。見かけは、野菜煮込みうどんといったところでしょうか。

じつは、日本のすいとんのような麺もあるんです。そして名前がおもしろい！　できものやしこりを意味する「疙瘩《グーダ》」といいます。「麺」という文字は麦という意味からきているので、厳密にいうと米粉（ビーフン）や冬粉（春雨）は麺の仲間ではないんですね。「麺食《ミエンスー》」には餃子や包子なども入りますし、パンを「麺包《ミエンバオ》」と表すのもうなずけます。

かんすいを使わない台湾の麺はコシが弱いタイプが多いのですが、あのやわらかさにだんだんハマってしまうんですね。とはいえコシを表す言葉もあり、「QQ《キューキュー》」と表現します。

刀削麺のような太い麺
中国北部の小麦中心の食文化を感じる一品♡
コショウと辣醤も合うっ
熗熓麺
☆中国北部発祥
モチモチ
自家製手打ち麺！
・キャベツ
・ニンジン
・白菜
・豚肉…
具だくさん！
お客さんのほとんどが熗熓麺を注文するんです
まさに地元の味！
ほんのりごま油の香り

疙瘩
☆中国の東北地方（満州など）が発祥
豚系のあっさりダシ
コロコロとした丸っこい麺
似ているのはすいとんかなぁ
麺の弾力がとにかくすごい！

お店の紹介は次ページ！

麺 を食べるならココ！

高家荘米苔目《ガオジャージョンミータイムー》

MRT雙連

うどんとも違うプニプニ感 スープは飲んだ後の〆に最高

見た目もさることながら、「米苔目」が“台湾のうどん”と言われる理由はスープにあります。エビの風味が香る透き通ったスープは、どこか関西風うどんのだしのよう。麺は米粉にさつまいも粉を混ぜてつくるので、モチモチしながらのど越しツルン。飲んだあとの〆や食べ過ぎた日の食事にもオススメです。

DATA MAP P.166-2

住 台北市中山區林森北路279號
☎ 02-2567-8012
営 19:00～翌5:00
休 無休、除夕～初五

米苔目《ミータイムー》 30元

上／麺は短いもののプルプル、モチモチの食感がたまらない。左下／テーブル調味料にはおなじみ豆板醤もありますが、コショウでキリッと味を引き締めるのがオススメ。

天府麺庄《テェンフーミェンジョワン》

MRT國父紀念館

辛いもの好きは必食！ 口の中が炎上必至の燃麺

モッチリとした麺を上に下にかきまぜると、底にたまっていた麻辣ダレがしっかり絡み、しびれと辛味の極ウマ味に。「辛い、ウマい！」の繰り返しで気づけば完食。砕いたピーナッツがよいアクセントです。より刺激を求めるなら、燃麺に鶏肉と山盛り唐辛子が入った「辣骨鶏乾麺《ラーグージーガンミェン》」（小）（65元）をオススメします。

DATA MAP P.164-1

住 台北市大安區光復南路290巷51號
☎ 02-2721-7846
営 11:30～14:00／17:30～20:30
休 月、除夕～初五

燃麺《ランミエン》 60元

上／花椒のさわやかな香りもおいしさの一部。かなりきいてます！ 左下／「口水鶏《コウシュェイジー》」（120元）はゆで鶏を麻辣ダレに浸したしびれる一品。皮はコリコリ！ 骨がきれいに取り除かれています。

周記手工家常麵《ジョウジーショウゴンジャーチャンミェン》

MRT台北

チィアングウォミエン
熗焗麵《チィアングウォミエン》 (小)70元

上／人気の熗焗麵。野菜と肉のうま味が出たスープで麵が煮込まれており、モチモチとした食感が人気。左下／小菜の数々。見慣れない食材も多いけど、意外なおいしさを発見します。

台湾煮込みうどん!?
市場の奥の奥にある隠れ名店

城中市場《チェンジョンスーチャン》の奥にある超ローカル店。スープと一緒に鍋で煮込む「熗焗麵」が看板メニューです。麵はモチモチとしており、平べったいうどんのような食感。野菜や肉などの具材と一緒に煮込んでいるため、うま味成分が麵に染み込んでいます。あっさりスープなのでお酢や辣椒などを入れて自分好みの味に仕上げるのもよし。

DATA MAP P.167-4

住 台北市中正區漢口街一段80巷12-5號 ☎ 02-2371-8008
営 11:00〜19:00
休 日、除夕〜初五

雙純手工麵疙瘩《シュゥンチュンショウゴンミェングーダ》

MRT雙連

海鮮番茄疙瘩《ハイシエンファンジエグーダ》 100元

上／表面はトロッ、内側ムチッ。噛むほどに小麦の味わいを感じます。大きめのエビやたっぷりの野菜入りがうれしい。左下／店頭のせまさに対して奥は広く、テーブル席も多数。

食べごたえがあって美味
これが台湾風モチモチすいとん

「疙瘩」は専門店で食べるもの。ほとんどのお店で手作りしているため、厚さや形が全然違います。このお店の「疙瘩」は分厚く、強いモチモチ感が特徴。豚骨ベースのあっさりしたスープですが、いちばん人気の「海鮮番茄疙瘩」はエビをはじめとした海鮮ダシ、さらにトマトを加え、酸味とコクがたまらない一品です。

DATA MAP P.167-3

住 台北市大同區萬全街32巷12號
☎ 02-2557-4952
営 11:00〜15:00／16:30〜21:00
休 日、除夕〜初四

これも食べたい!!

誰もが語りたくなる1軒がある
これぞ台湾のソウルフード

牛肉麺《ニュウロウミエン》

「牛肉麺」とは牛肉でダシをとった八角の香る濃い色のスープに、煮込んだ牛肉をトッピングした麺のことで、台湾の人たちが大好きな麺料理です。

スープには2種類あり、先ほどの濃い色のスープを「紅焼《ホンシャオ》」、牛骨をグツグツと煮込んだ澄んだ色（清い）のスープを「清燉《チンドゥン》」と呼びます。台湾に来たらぜひ食べたい麺ですが、その際トッピングはトロトロに煮込まれたアキレス腱の部分が入った半筋半肉《バンジンバンロウ》をオススメします。

お好みはどっち？
牛肉の部位
種類いろいろ！
牛肉＝赤身・すね部分
ほろほろ。
牛筋＝筋肉部分
トロトロ～
The コラーゲン
半筋半肉麺は両方味わえてお得！
お店によっては牛雑（モツ）もあり
スープ・具（牛肉）・麺のタイプによって無限のうまさがうまれる……！
うま
紅焼
牛骨スープに醤油 桂皮・八角などの香辛料で風味づけ
牛骨や内臓 香辛料を使い 長時間煮込んだスープ
白っぽい色
清燉（清蒸）

ここで食べよう！

DATA MAP P.168-6

林東芳牛肉麺《リンドンファンニョウロウミェン》

MRT忠孝復興

最近リニューアルしてキレイになった店舗。家族連れでも入りやすいです。

住 台北市中山區安東街4-3號
☎ 02-2752-2556
営 11:00～翌4:00
休 日、除夕～初五

台湾イチ有名な牛肉麺
スープと麺の完成度は抜群

林東芳牛肉麺《リンドンファンニョウロウミェン》

牛肉麺《ニョウロウミエン》（小）160元

牛スネ肉を使用しており、程よい噛みごたえを残した絶妙な硬さで煮込まれています。

半筋半肉麺《バンジーニョウロウミエン》 210元

牛のアキレス腱とお肉が半々に入ったタイプ。ゼリー状になった筋は最高です。

ホルモンを使った
変わり種牛肉麵がオススメ

建宏牛肉麵《ジェンホンニュウロウメン》

牛雑麵《ニョウザーミエン》（中）100元

ハチノスやセンマイなど肉のいろいろな部位が入った牛肉麵の一種。モツが嫌いでなければこちらをぜひ！

めずらしい牛脂を使った薬味（麵右下の写真参照）があり、入れると辛味とうま味が倍増します。

ここで食べよう！

DATA MAP P.167-4

建宏牛肉麵《ジェンホンニョウロウミェン》

MRT北門

2018年度の「ビブグルマン」にも選ばれたことで、24時間営業ですがいつも混んでいる人気店です。

住 台北市萬華區西寧南路7號
☎ 02-2371-2747 営 24時間営業 休 無休、除夕〜初四

地元のファン多数！
注目は白いスープの牛肉麵

老張牛肉麵店《ラオジャンニョウロウミェンデェン》

牛骨のエキスが溶け出した白濁したスープが特徴的。強いうま味がありながらあっさりしていて全部飲み干したくなります。

清燉牛肉麵《チンドゥンニョウロウミエン》（大）250元

ここで食べよう！

DATA MAP P.168-5

老張牛肉麵店《ラオジャンニョウロウミェンデェン》

MRT東門

老舗の名店なので安定のおいしさ。２階席もあり、回転も早いです。

住 台北市大安區愛國東路105號 ☎ 02-2396-0927
営 11:00〜15:00/17:00〜21:00
休 火、旧正月期間は未定

台湾の漢字

14

飯

Fàn

ファン

現地でもその違いがわからない？ でも、とにかくおいしい豚丼

台湾の人でもじつはその違いがよくわからないご飯ものがあります。それが「知高飯《ジーガオファン》」と「焢肉飯《ジーガオファン》」。

「知高飯」は豚の角煮をのせた丼です。台湾では豚肉を「豬」と書き、「DI」と発音。「DIGO」（豬哥）と呼ぶ人もいるので、それを中国語の発音に近い「知高」で表記したことから「知高飯」という名前で定着しました。

うま味豊富な醤油ベースの煮汁が染み込んだ豚もも肉と煮玉子は、どちらも日本人好みの味付けで白いご飯との相性は抜群。食べ始めたら箸が止まりません。

台湾の豚は本当に美味！
そんな豚肉を使った丼に、台湾の人でもイマイチ違いのわからない丼があるんです…
何が違うんだ…
どわーんっ
それが知高飯と焢肉飯！
もも肉使用
『DIGO＝知高』
知高飯
しっかり煮込まれた豚もも肉
そんな訳で比べてみましょう
煮卵
中まで味がしみしみ…っ
トロ〜リ
肉の弾力と皮の脂身のバランスが最っ高…！
肉々しさを味わう!!

「焢肉飯《コンロウファン》」も豚肉を醤油ベースの煮汁で味付けしてご飯にのせた丼ですが、こちらは豚バラ肉を使います。トロトロになるまで煮込まれた脂身は甘く、でもしつこくなく、肉好きにはたまらない味。

——と説明しましたが、この二つの丼は地域や店によってその境目があいまいだったりします。魯肉飯なのに豚ばら肉がのっていたり、あまり定義がありません。まぁ、食材も味つけも同じなので、そう困らないのかもしれませんね。おいしさに変わりはありません。

最後にめずらしい丼として、「肉絲飯《ロウスーファン》」をご紹介します。肉絲《ロウスー》とは細切り肉を意味します。

甘辛く味付けした豚肉炒めに、炒めるときにニンニクをきかせた青菜、ふんわりやさしい甘さの炒り卵……どれもシンプルですが、3つを一緒に食べたときのおいしさがスゴイ！　ぜひ味わってもらいたい一品です。

どのお店も共通して、おいしければおいしいほどローカル度が高いというのが、個人的な感想です。

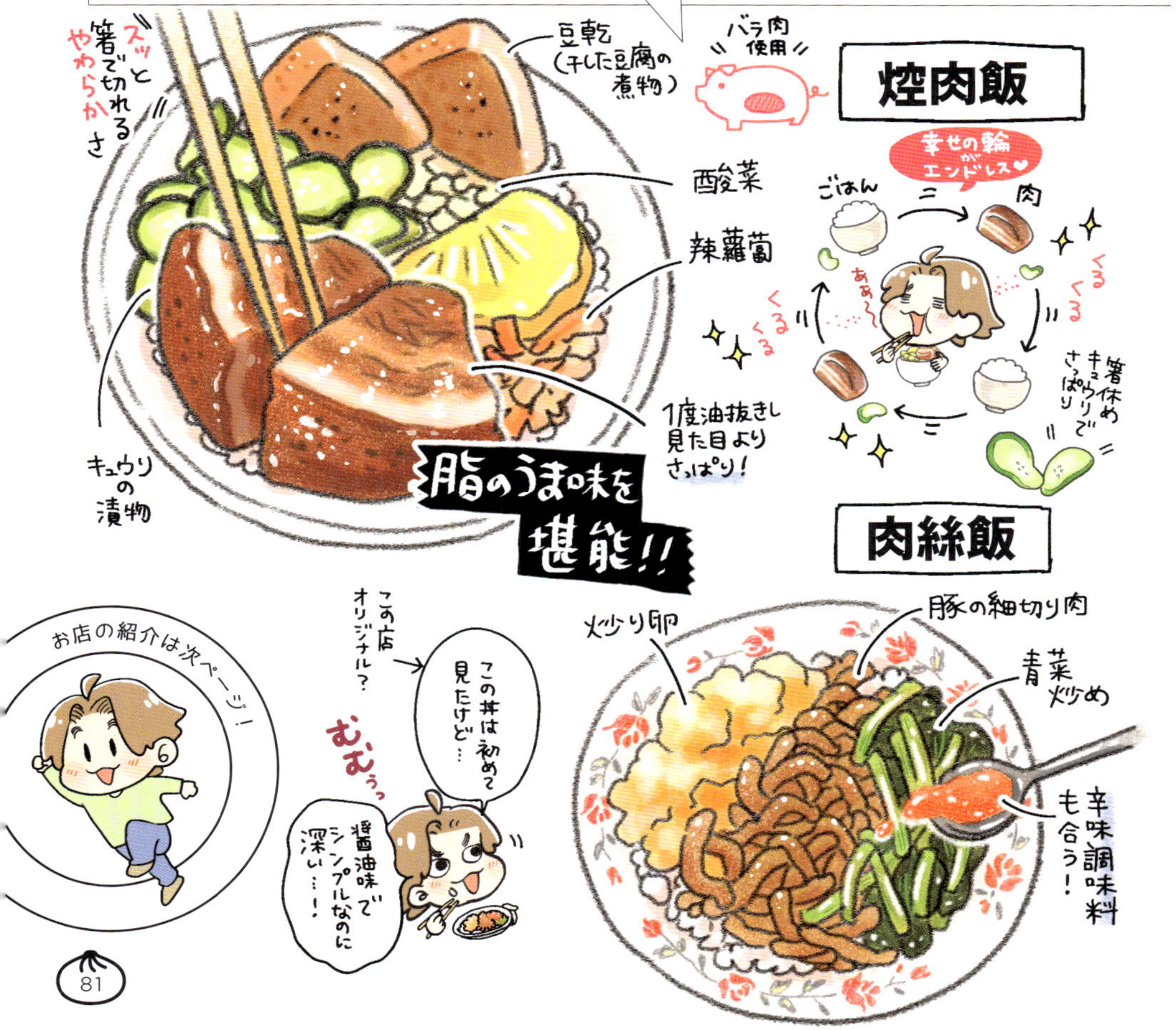

飯 を食べるならココ！

伊通街知高飯《イートンジェツーガオファン》

MRT松江南京

知高飯《ツーガオファン》 85元

上／付け合わせは煮卵、酸菜、キュウリの漬物など。煮卵は中まで味がしみしみ。下／「よく煮込まれた脂身はモチモチしてるんだ！」と衝撃をうけました。まったくしつこくないんです。

これぞ台湾の角煮丼 コラーゲンたっぷりの豚肉が美味

　ビルとビルの間にある半屋台のようなお店はローカル感でいっぱい。お客さんのほとんどが注文する「知高飯」は醤油ベースの甘じょっぱいタレでよく煮込まれた豚肉が極上にやわらかく、脂身とのバランスも最高です。味噌汁などと一緒にいただきましょう。昼時は地元の人たちが押しかけて混雑するので、満席の場合は、テイクアウトにして近くの公園で食べるのもあり。

DATA MAP P.166-2

- 住 台北市中山區南京東路二段174號
- ☎ 02-2506-4476
- 営 10:30～20:00
- 休 土、日、祝日、政府の定める旧正月期間は休み

左／せまい店内のためテーブル脇で一列に並んで作業をする店員さんたち。
右／同じタレで鶏の脚を煮込んだ「雞腿《ジートゥイ》飯《ファン》」も人気です。

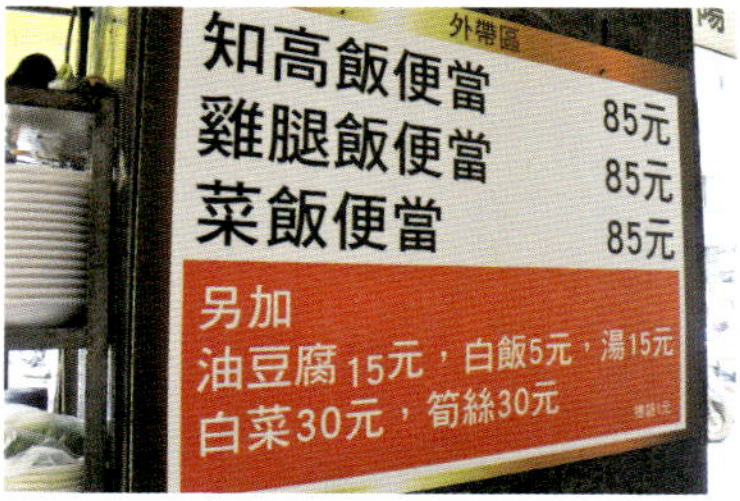

焢肉飯《コンロウファン》 60元

上／右上にある豆腐のような塊が「豆乾」。テリッテリに輝くいかにもおいしそうな見た目。期待を裏切りません！　左下／注文は口頭、器は紙、テーブルは路上とハードルが高いですが、最高のB級グルメです。

一甲子餐飲《イージャーヅーツァンイン》

MRT龍山寺

照りツヤ最高の豚バラ肉丼 B級グルメの最高峰！

豚バラ肉は箸でスッと切れるほどトロトロに煮込まれており、濃厚な脂身を頬張りつつ、白飯をかきこむ動作は幸せの極み。「豆乾《ドウガン》」（干した豆腐の煮物）もぷりっぷり！です。付け合わせのキュウリの漬物や「辣蘿蔔《ラールォボー》」（大根の漬物と唐辛子をあえたもの）も味がよく、これだけでも白飯がいくらでも食べられるおいしさ。

DATA MAP P.169-10

- 住 台北市萬華區康定路79號
- ☎ 02-2311-5241
- 営 9:00〜19:00
- 休 日、旧正月期間は未定

肉絲飯《ロウスーファン》 85元

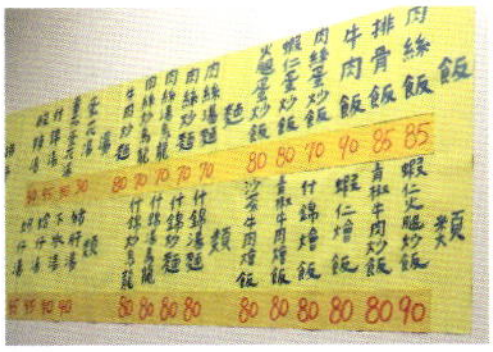

上／無造作に盛られた感じで食欲がそそられる！肉は「不辣」（辛くしない）にして豆瓣醤で辛みを調整するのがオススメ。左下／細切り肉を使った温かい麺、焼きそばもあります。

阿淑小吃《アーシューシャオツー》

MRT劍潭

細切り肉と卵のおいしい出会い 日本人なら絶対好きな丼

「肉絲飯《ロウスーファン》」自体あまり台湾で見かけたことがなく、具材の組み合わせを含めお店オリジナル丼だという予想。細切り肉はうっすらとろみをまとい、これが美味。肉の辛さを選べ、辛いほうにすると赤唐辛子と一緒に炒めてくれます。少人数で切り盛りしているので料理がでるまで少し待つかもしれませんが、行く価値絶対あり！

DATA MAP P.168-7

- 住 台北市士林區和豐街33巷2號111號
- ☎ 02-2882-7884
- 営 11:00〜14:30／16:30〜21:00
- 休 水、土、除夕〜初五

油飯《ヨウファン》

醤油の風味が香る台湾のおこわ

文字だけ見るとギョッとしますが、油をかけたご飯ではなく、もち米を醤油ベースのダシで炊いたおこわのこと。豚肉やしいたけ、油蔥酥《ヨウツォンスー》（台湾産エシャロット）をトッピングするのが一般的です。

油飯で有名なお店といえば、迪化街・永楽市場にある「林合発油《リンハーファーヨウ》飯《ファン》」でしょう。店頭にはつねに人だかり、巨大なボウルに炊きたての油飯が次々と運ばれてくるも、すぐにボウルは空に！

油飯はテイクアウト中心のお店がほとんどですが、お店でいただくなら「珠記大橋頭油飯《ジュージーダーチャオトウヨウファン》」へ。台

永楽市場にある人気店 林合發油飯《リンハーファーヨウファン》

油飯《ヨウファン》 100元

お米一粒一粒に存在感があるモチモチ食感。しっかり煮込まれたしいたけは箸休めにも。

ここで食べよう！

DATA MAP P.167-3

林合發油飯《リンハーファーヨウファン》

MRT大橋頭

人気すぎて、炊きあがりを待つ場合も。昼前には売り切れる可能性があるので注意！

住 台北市大同區迪化街一段21號 ☎ 02-2559-2888
営 7:30～13:00
休 無休、除夕～初四

台湾では子どもの生後1カ月に油飯と紅蛋（赤く着色したゆで卵）を贈る習慣があります。

油飯《ヨウファン》 30元

湾でもめずらしい、イートインできる油飯専門店です。

油飯はおこわの意味ですが、食材＋油飯だとご飯にタレをかける“タレーライス”になります。たとえば「施福建好吃雞肉《シーフージェンハオツージーロウ》」の雞油《ジーヨウ》飯《ファン》は鶏肉を煮込んだ甘じょっぱい醤油ダレがかかっていますが、これが本当にかけただけ！　なのに超絶なおいしさです。

ご飯の上に魯肉をトッピング。肉好きにはうれしい！

その場で食べられる油飯専門の食堂 珠記大橋頭油飯《ジューシーダーチャオトウヨウファン》

荷包蛋（目玉焼き）のせがローカル流。テーブルの甘辛いソースは好みでどうぞ。

ここで食べよう！

DATA MAP P.165-1

珠記大橋頭油飯《ジューシーダーチャオトウヨウファン》

MRT大橋頭

荷包蛋（15元）にかかった甘めのタレと黄身がご飯に絡み、濃厚な味わいに。メインは油飯ですがスープ、おかずの品揃えも充実。

住 台北市大同區民權西路186-1號
☎ 02-2557-6503
営 7:30〜13:00
休 日、除夕〜初五

究極のシンプル飯 食材＋油飯＝タレーライス 施福建好吃雞肉《シューフージェンハオツージーロウ》

ツヤッツヤのタレが無造作にかけられたご飯と蒸し鶏のセット。皮はコリコリ、身はやわらか！ スープ付き。

雞肉《ジーロウ》 150元 ＋
雞油飯《ジーヨウファン》 10元

ここで食べよう！

DATA MAP P.167-4

施福建好吃雞肉《シューフージェンハオツージーロウ》

MRT西門

ほとんどの客が注文するため、座れば雞油飯が出てきます。黄色の看板を目印に！

住 台北市萬華區環河南路一段25巷4號　☎ 02-2388-3817
営 10:00〜17:00
休 日、旧正月の期間は未定

15

Páigŭ

排《パイ》骨《グウ》

骨まわりの肉がおいしいことを排骨が教えてくれました

日本でも「パイコー」としておなじみ、「排骨」とは**配列されている骨、転じて骨付きのあばら肉**を意味します。肉の部位そのものを指すこともあれば、それをぶつ切りにして揚げたものをそう呼ぶこともあります（正式には「排骨酥《パイグウスゥ》」といいます）。

「排骨」はいわば台湾のソウルフード。丼や麺、スープ……とさまざまな料理に使われていますが、オススメは何といっても「排骨飯」でしょう！

これは衣をつけて**サクサクに揚げた豚あばら肉＝排骨をタレに浸し、ご飯にのせたもの。**

揚げずに肉のまま使う料理もあり
台湾の人たちは排骨が大好きで麺や丼、スープなどさまざまな料理に使うんです
醤油や五香粉で下味をつけ地瓜粉をつけて揚げる
排骨＝骨付きあばら肉またはそれをぶつ切りにして揚げたもの
パイグゥ
排骨飯
排骨をご飯にON
醤油ベースのタレにネギのエキスが混ざったソース
カリッと揚げ焼きした目玉焼き
キャベツ
じゅっわ
タレに浸すから揚げたてのサクサク感はないけれど…
ご飯やタレとの一体感が最高～～～

「そんなことしたら、せっかくの衣がベチャベチャになってしまう～（泣）」なんて声も聞こえてきそうですが、タレに浸してこそおいしいのが排骨なのです。

排骨は地瓜粉《ディグゥアフェン》（さつまいも粉）をつけて揚げるのが一般的ですが、この粉がポイント。揚げることによりサクサクとしながらも、タレをしっかり含みプルプルでねっとりとした食感に変化し、おいしさが増す設計になっているのですね。

なので、同じく揚げた排骨をスープに浸していただく「排骨麵」も、噛むほどに衣からスープが染み出して最高においしい！

最後に「排骨湯」についてですが、こちらはあばら肉をそのまま使います。骨付きの肉がドーンとそのままのった迫力のあるスープです。

お店によってはぶつ切りにした排骨を使うこともありますが、大根と一緒に煮込むのが一般的です。スープの味は超薄味で、大根の風味と骨のうま味だけで味わうといった感じでしょうか。でもこれがあと引く味。本場台湾でぜひ味わってみてください。

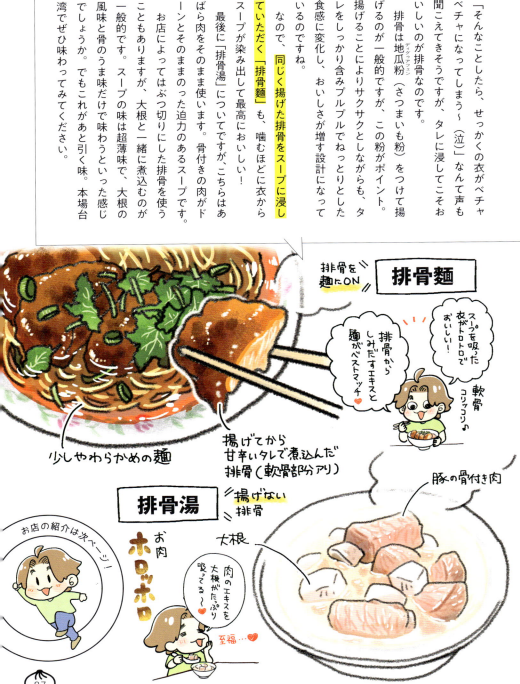

排骨 を食べるならココ！

排骨飯《パイグゥファン》 85元

上／薄めに切った肉と衣のバランスも絶妙。揚げた目玉焼きの下には、キャベツなどの野菜がしいてあります。下／排骨とご飯は別皿で運ばれてくるので自分でオン・ザ・ライスに。

赤峰街無名排骨飯《チーファンジェウーミンパイグウファン》

MRT中山

看板も店名もないのに行列の絶えない絶品排骨飯

赤峰街にある無名、名前のない排骨飯のお店です。醤油をベースに玉ねぎなどのネギ系食材を少し加え、最後にほんのり甘い余韻を感じさせるタレが最高に美味。サクッと揚がった排骨にたっぷりと染み込ませます。目玉焼きのカリカリ感、塩加減ともベストマッチ。注文が入ってからつくるので、時間帯によってはかなり混雑します。開店直前に並んで入店するのがねらい目。

DATA MAP P.167-3

住 台北市中山區赤峰街4-3號
☎ なし
営 12:00～14:00／17:00～20:00
休 不定休、除夕～初三

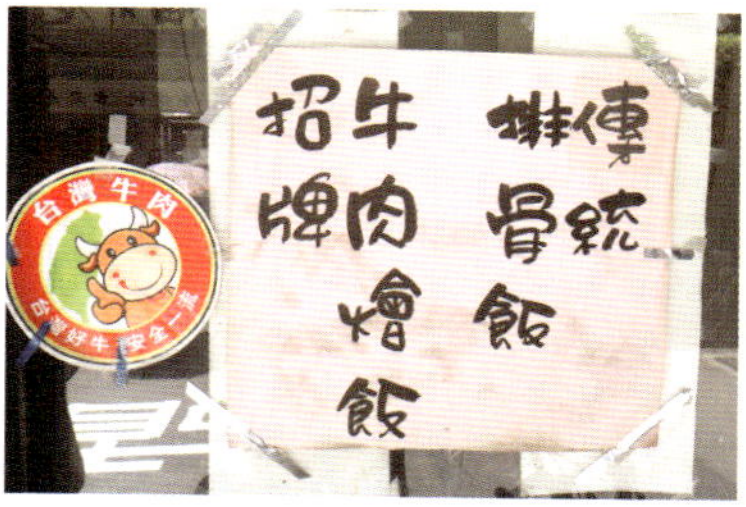

左／看板メニューはこちらの2品。右／もう一つの看板メニュー「牛《ニョウ》肉《ロウ》燴《ホエ》飯《ファン》」（85元）。青菜の歯応えがよい醤油ベースの牛肉あんかけ丼。

招牌排骨酥麵《ザオパイパイグウスーミエン》 90元

后庄排骨酥麵《ホウジョンパイグウスーミェン》

MRT松山

嚙むと肉汁とタレの味がジュワッ！ 饒河街夜市《ラオハージェイエスー》で食べる最高の排骨麵

こちらの「排骨麵」は一般的な卵麵のほかに、ビーフンや春雨、板條《バンティアオ》（米粉でできた平たい麵）の４種類から選べます。台湾の中華麵は日本のものと比べるとややコシがないものの、やわらかいからこそスープとよく絡み美味。やや厚めの衣が、スープをしっかり含み、嚙むほどに幸せになれます。

上／この色ツヤ、見るからにおいしそうですよね。軟骨部分はやわらかくコリコリで食感がいい！　左下／途中でテーブル調味料を入れて味変するのもオススメ。

DATA MAP P.164-1

住 台北市松山區饒河街62號
☎ 02-2746-8804
営 16:30～翌1:30
休 無休、除夕～初五

原汁排骨湯《ユエンジューパイグウタン》 60元

阿桂姨原汁排骨湯《アーグイユーユェンジューパイグウタン》

MRT大橋頭

あっさりなのにスゴイうま味！ めずらしいぶつ切り排骨のスープ

慈聖宮の目の前、屋台のようなお店が連なるエリアにあるお店。メニューは「排骨湯」と「魯肉飯」のみ。もちろん排骨湯だけを食べてもＯＫです。具はシンプルを極めた豚の骨付き肉と大根のみ。あっさりしたスープながら豚と大根の風味がやさしい味わいで、食べるほどにあと引くおいしさ。

上／ぶつ切りタイプの排骨を使うので、骨からしっかりダシがでます。骨まわりの肉がおいしい！　左下／肉の味が薄い場合は、唐辛子が入った醤油をつけてどうぞ。

DATA MAP P.167-3

住 台北市大同區保安街49巷
☎ 0928-880-015
営 10:00～16:00
休 不定休、除夕より12日間

とりあえず適当に切ってください！

黒白切《ヘイバイチエ》

台湾では豚肉を「豬《ジュー》」で表します。ちなみに「白肉《バイロウ》」「赤肉《チーロウ》」も豚肉のこと。「白肉」は脂身が多いバラ肉などの部位を指し、「肥《フェイ》肉《ロウ》」と表記されることも。一方「赤肉」は脂身の少ない部位で「痩肉《ショウロウ》」とも言います。

包子のお店などで見かける「鮮《シェン》肉《ロウ》」は、新鮮な豚肉の意。基本的には肉とあれば、台湾では豚肉を指すと考えてOKでしょう。

そんな台湾の豬肉はとても新鮮でおいしいんです。とくにオススメしたいのが豚の臓物。台湾では余すことなくいただくため、冷蔵

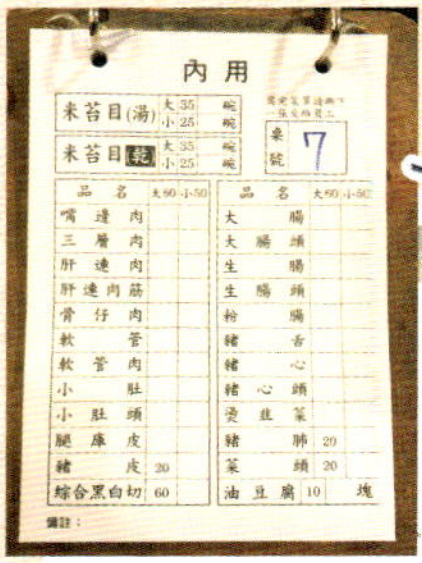

内用

米苔目(湯)	大35	碗	
	小25	碗	
米苔目乾	大35	碗	桌號 7
	小25	碗	

品名	大60	小50	品名	大60	小50
嘴邊肉			大腸		
三層肉			大腸頭		
肝連肉			生腸		
肝連肉筋			生腸頭		
骨仔肉			粉腸		
軟管			豬舌		
軟管肉			豬心		
小肚			豬心頭		
小肚頭			燙韭菜		
腿庫皮			豬肺	20	
豬皮	20		菜頭	20	
綜合黑白切	60		油豆腐	10	塊

備註：

豚肉の部位は、こんなに種類があります。

嘴邊肉……ほっぺのお肉
三層肉……バラ肉
肝連肉……横隔膜（ハラミ）とその周りのお肉（肝臓ではない）
肝連肉筋……横隔膜の筋部分
骨仔肉……頭蓋骨付近のお肉
軟管……食道
軟管肉……食道付近のお肉
小肚……豚の膀胱
小肚頭……おもに膀胱の後半部分
腿庫皮……後ろ足ももの皮
豬皮……豚の皮
大腸……大腸
大腸頭……直腸の後半部分
生腸……子宮
生腸頭……子宮の下の部分
粉腸……小腸の前半の部分（十二指腸あたり）
豬舌……豚の舌
豬心……豚の心臓
豬心頭……心臓の下の部分
豬肺……豚の肺
綜合黒白切……ミックス盛り

粉腸《フエンチャン》 50元

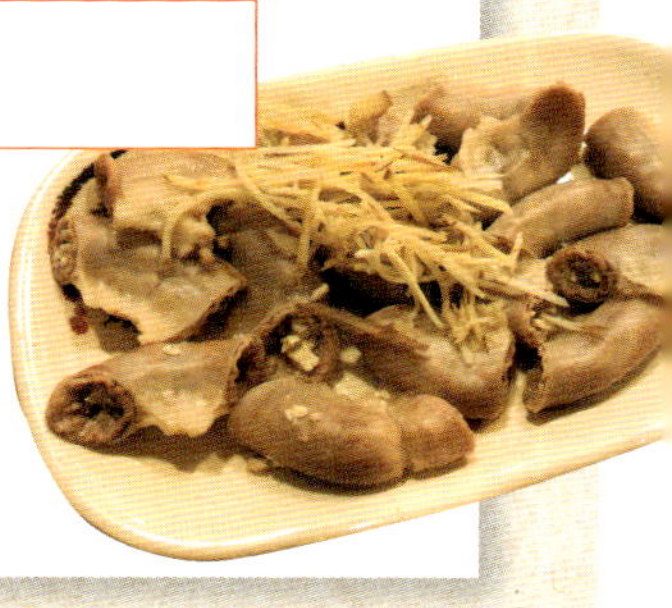

小腸前半の部分（十二指腸付近）。口の中が粉っぽくなるような錯覚になるのでこの名前に。ぶつ切りにして、醤油膏という甘いタレをかけていただきます。

ケースには日本では見たことのない臓物類が並ぶこともあります。

ここで覚えておきたいのが「黒白切」。綜合《ゾンハー》はミックスの意味ですが、「黒白切」はいろいろなものを切って出すという意味で、メニューにある豚モツをお店のおまかせで数種類切ってもらうということなんですね。

ちなみに黒白は漢字自体に意味はなく、文字がない台湾語で「適当に」という意味の当て字が「黒白」となり定着したものだとか。

大腸頭《ダーチャントウ》 50元

直腸後半部分の脂がのったホルモンのこと。とにかくやわらかい！

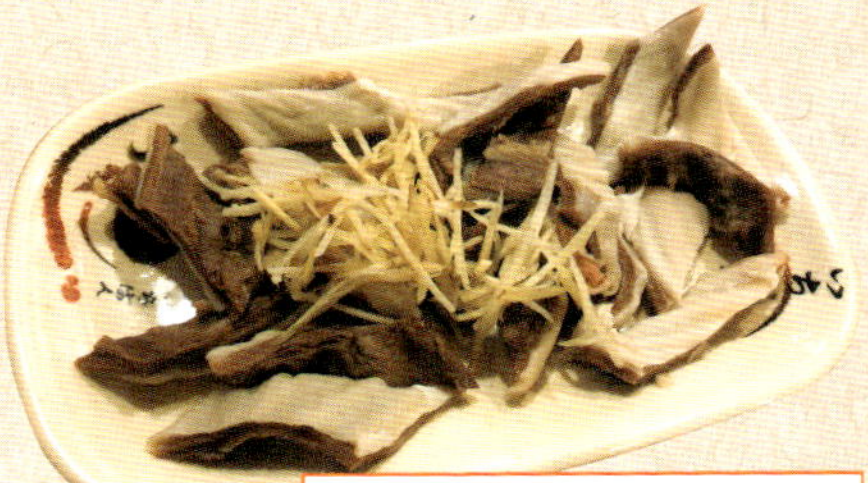

軟管肉《ルアングアンロウ》 50元

食道付近の肉でやわらかい筋のような食感。噛み応えがある。

小肚頭《シャオドゥトウ》 50元

おもに膀胱の後半部分で、管がコリコリとしていて濃厚な味。

店名にもなっている米苔目も必食です。モツをおかずにいただきましょう。

DATA

MAP P.167-3

永樂米苔目《ヨンラーミータイムー》

MRT雙連

迪化街にあったお店が移転。冷蔵ケースに並んでいるモツはすでにゆでてありますが、注文が入ると再びゆでて調理します。

住 台北市大同區民樂街111號
☎ 02-2553-2020 営 7:00～18:00
休 無休、旧正月期間も無休

16

HúnDùn

餛《フウェン》飩《ドウェン》

皮で選ぶか、具で選ぶか その選択が悩ましい！

「うどん?」と読み間違いそうになるこの漢字、ワンタンと読みます。日本では「雲呑」と書きますが、これは広東語。中国語では「餛飩」と表記し、発音もフウェンドウェンと読むのが一般的です。「扁食《ビエンシー》」や「抄手《チャオショウ》」と呼ぶこともあります。

スープと一緒に食べるのが一般的ですが、同じ「餛飩」でも、お店によって皮や肉餡の形状はさまざまです。

薄皮トゥルトゥルの餛飩が好みなら「老虎《ラオフー》醤温州大餛飩《ジャンウェンジョウダーフウェンドウェン》」へ。豚肉、エビ、野菜と3種類の具があり、醤油ベースのスープでいただ

きます。

一方、皮が厚めのモチモチ系なら台北でいちばん有名な「趙記菜肉餛飩大王《ザオジーツァイロウフゥエンドゥエンダーワン》」でしょう！

こちらの餛餛はまるで稲荷寿司のようなビッグサイズ。野菜たっぷりの肉餡は刻んだチンゲン菜の歯応えがよいアクセントになっています。

セロリで風味付けされたスープは、これぞ台湾の家庭の味。薄味で、飲めば飲むほどくせになるやさしい味わいです。

最後に餛飩の仲間「紅油抄手《ホンヨウチャオショウ》」をご紹介します。「抄手」は餛飩の別名で、「紅油」はラー油のこと。ゆでたての「餛飩」をラー油ベースの辛いタレとあえていただく料理です。スープがないので餛飩だけを楽しむことができ、辛いもの好きにオススメの一品です。

じつはおいしい「餛飩」のお店を見極める方法があります。店頭で「餛飩」を手作りしているお店があったら、そこは期待度高め。手作りするお店が少なくなっている昨今、店頭で手作り＝こだわりがあるお店なのです。

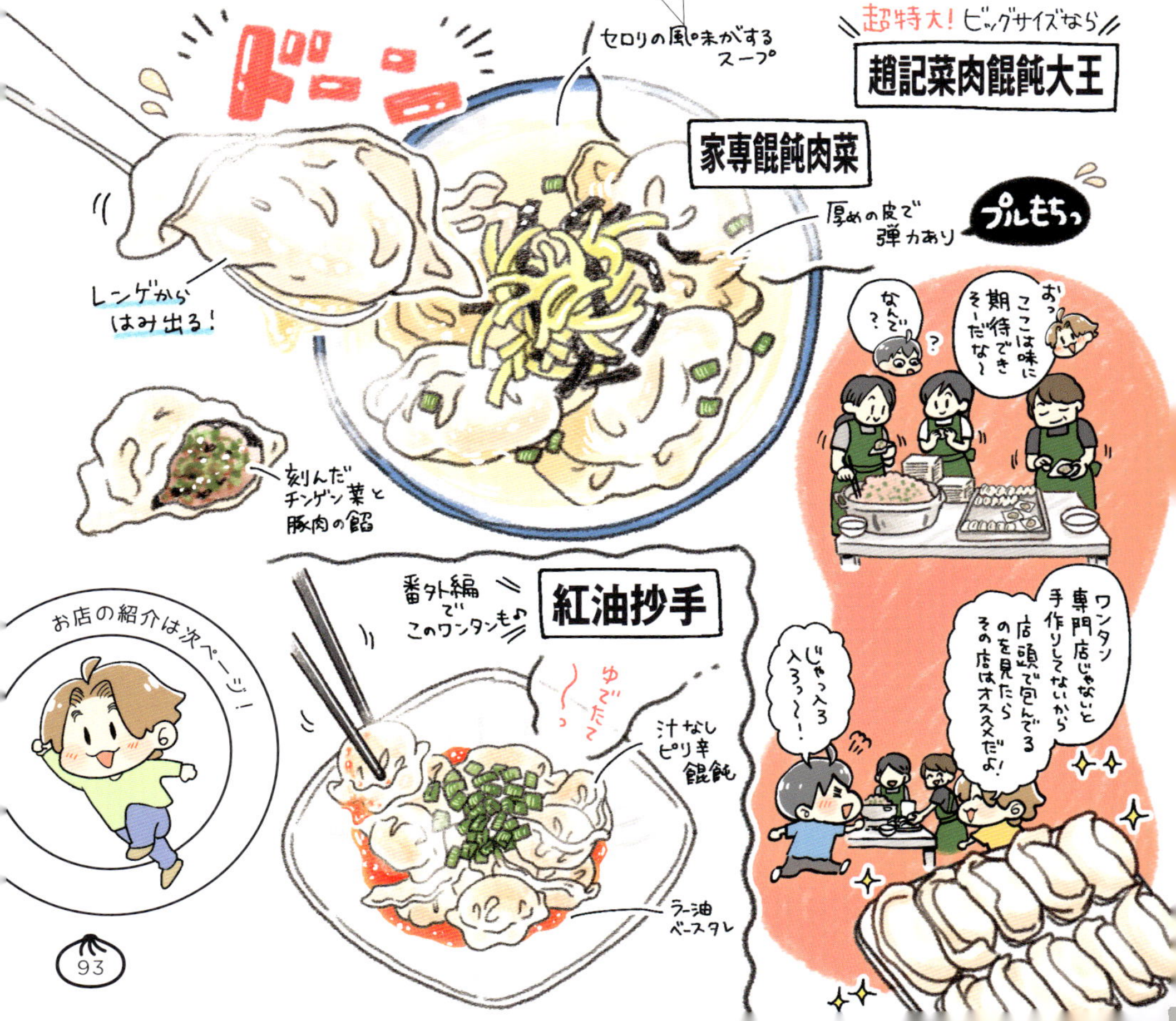

ドーン
セロリの風味がするスープ
超特大！ビッグサイズなら
趙記菜肉餛飩大王
家専餛飩肉菜
厚めの皮で弾力あり
プルもちっ
レンゲからはみ出る！
刻んだチンゲン菜と豚肉の餡
おっ ここは味に期待できそーだな～
なんで？
？
番外編でこのワンタンも♪
紅油抄手
ゆでたて～っ
汁なしピリ辛餛飩
ラー油ベースタレ
お店の紹介は次ページ！
ワンタン専門店じゃないと手作りしてないから店頭で包んでるのを見たらその店はオススメだよ！
じゃっ入ろ入ろっ～！

餛飩 を食べるならココ！

鮮肉大餛飩湯《シエンロウダーフウエンドゥエンタン》 60元

麻醬紅油抄手《マージィヤンホンヨウチャオショウ》
（鮮肉《シエンロウ》） 60元

上／透き通った皮の下にぷりぷりの肉餡が。海苔がスープのアクセント。
下／水餃子のようにゆでたてをタレでいただく餛飩が「紅油抄手」。
通常は辣油系の辛いタレでいただきますが、ここはめずらしいごまダレ。

小菜の種類の多さに定評あり。持ち帰りができるので、家飲みのおつまみとしても重宝します。

老虎醬溫州大餛飩《ラオフージャンウェンジョウダーフゥェンドゥェン》

MRT大安

トロトロ注意報！薄皮の餛飩は口の中でトロける

台北市内を散策しているとちょくちょく遭遇するチェーン系餛飩店。台湾では閉店時間が早い飲食店が多い中、夜遅い時間まで営業しているのでなにかと便利に使えるお店でもあります。

ツルンとした薄皮がこれぞ餛飩のオーソドックス。餡にしっかりと味付けがされており、食べごたえも充分です。スープに入れて餛飩湯、麺を入れて餛飩麺にしていただきましょう。肉のほかに、エビや野菜もあり。

DATA MAP P.164-1

住 台北市大安區信義路三段109號之2
☎ 02-2754-7469
営 10:00～22:00
休 無休、除夕～初二

＼トロトロ皮の餛飩、最高！／

家専餛飩肉菜《ジャージュウアンフゥエンドゥエンツァイ》
（中碗）130元

趙記菜肉餛飩大王《ザオジーツァイロウフゥェンドゥェンダーワン》

MRT西門

皮の中には野菜がたっぷり！ ビッグサイズのヘルシー餛飩

台湾の人たちが大好きなお店の一つ。台湾の餛飩は日本のものに比べて大きめですが、ここのはとくにビッグサイズ。皮は厚めでもっちりとしていますが、肉餡は野菜が多めであっさりとした味付けがされており、見た目よりもちょうどいいボリューム感です。

店頭では店員さんたちが慣れた手つきで次々と肉餡を包んでおり、そんな様子を眺めるのも楽しいお店です。

上／セロリのみじん切り入りのスープはこれぞ台湾の家庭の味。下／味が薄い場合は、テーブルの醤油や豆板醤でいただきましょう。

DATA

MAP P.167-4

住 台北市中正區桃源街5號
☎ 02-2381-1007
営 8:00～21:30
休 無休、除夕～初四

左／大きな釜を使い注文が入ってからゆであげています。
右／メニューは餛飩のみ。大中小のサイズが選べます。加熱前の餛飩を持ち帰り、家庭で調理する人も多い。

小菜《シャオツァイ》

街の食堂にほぼ必ずある
箸休めにもなる小皿のおかず

街の食堂には必ずと言っていいほど「小菜」とよばれるつくりおきのおかずがあります。たいていは店内の陳列ケースのようなところに並べてあり（右下写真参照）、自由にとってOK。後でまとめて会計してくれます。料理が来るまでの間につまんだり、箸休めにしたり……。もうちょっと食べたいときにも助かるおかずです。

おもに野菜や豆腐などを使ったものが多く、ふだんの野菜不足を「小菜」で補うという人も。どのお店でも共通する定番おかずがあるので、一部を紹介します。

涼拌茄子《リャンバンチエズ》

台湾版ナスの煮浸し。少しピリ辛の味付けで、トロトロの食感が美味。

店内にはこのような陳列ケースや棚があり、色とりどりの小菜が並んでいます。

豬耳朵《ジュームードゥオ》

豚の耳を使ったおつまみ的なおかず。コリコリとしており、箸が止まらない!

三色蛋《サンシーダン》

皮蛋（ピータン）、鹹蛋（塩卵）入りの卵蛋焼き。3種の蛋のトリプルテイスト。

蒜味小黄瓜《スゥンウェイシャオホワングワ》

キュウリの甘酢ニンニク漬け。ニンニクがきいた、小菜の中でも人気の一品。

台式泡菜《タイスーパオツァイ》

台湾版無限キャベツ。酢漬けで酸味がきいており、前菜にぴったり！

涼拌青苦瓜《リャンバンチンクーグワ》

シャキシャキ食感のニガウリサラダ。味付けは薄めですがこの苦味がいい！

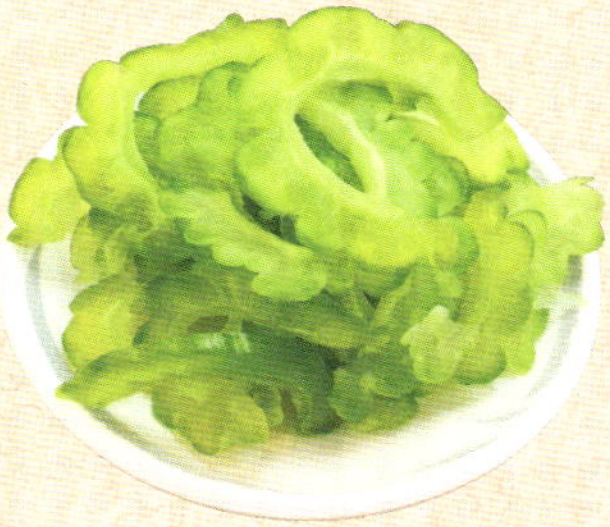

涼拌牛蒡絲《リャンバンニョウバンスー》

ごぼうのサラダ。ごぼうはシャキシャキ、ごまの香ばしさがたまらない！

涼拌黑木耳《リャンバンヘイムーワー》

キクラゲを甘酢であえたサラダ。日本のものよりも肉厚で見かけたら必食。

これら以外にも、干し豆腐と煮干し、唐辛子を炒めた「豆干炒小魚乾《ドウガンチャオシャオユーガン》」、ピータンに豆腐と肉髭（でんぶのようなもの）に醤油膏《ジャンヨウガオ》（甘い醤油）をかけてぐちゃぐちゃにかき混ぜて食べる「皮蛋豆腐」、細切りの干し豆腐をごま油などであえた「涼拌豆《リャンバンドウ》干絲《ガンスー》」などもオススメです。

台湾の漢字

17

Guō 鍋 グゥオ

煮る前の「炒め」がポイント 絶品スープを飲み干す鍋

「石頭鍋《シートウグゥオ》」という鍋をご存じでしょうか？

鉄製の鍋にたっぷりのごま油をひき、特製のタレで肉や野菜を炒めます。そこにスープを加えて具材を煮込み、ニンニクや沙茶醤《シャーチャージャン》、パクチー、生卵など、さまざまな調味料をミックスしたタレでいただくというもの。

かつてはいたるところに専門店があったようですが、いまは数も減って老舗がいくつか残る程度。

人気のお店は、松江路にある「松江自助火《ソジャンヅージューホオグ》鍋城《オチュン》」というお店です。

自助とはセルフサービスのことで、これが

鍋にもある！自助式
お店はココ！
松江自助火鍋城
なんとメニューは60種類以上！
台湾ではこの形式の食堂がたくさんあるんだよ〜
自助餐
自助餐
自助餐
ほんとだ〜
自助＝セルフサービスのこと！
迷うけどっ
自分で選ぶっていいね〜っ
これが自助式の楽しいところなんだよ〜っ
具材いろいろ
花枝丸（イカのすり身）
燕餃
ワンタンみたい
中身は豚や魚のすり身など
カキ
スープをつくってもらう！
じゃーっ
なんと!! スルメを炒める！
風味UPのヒケツだとか

楽しい！　約60種類の具材が並ぶ巨大食品ケースは圧巻、目移りしてしまいます。

このお店ではスープのダシにスルメを使い、これがいい仕事をしてくれます。最初に炒めて風味を引き出し、そのままスープに入れておくとうま味がどんどん染み出して絶品。ぐびぐび飲みたい、でも途中でスープの継ぎ足しをすると味が薄まってしまう……。悩ましいところです。また、どんな食材を入れるかによっても味が少しずつ変わるので、来るたびにおいしい発見があるでしょう。

具は燕餃《イエンジャオ》がオススメです。豚肉や魚などのすり身を包んだ細長いワンタンのようなもので、台湾の鍋には欠かせない食材。

練り物も必食です。練り物というとなんとなく補欠食材のような印象があったのですが、台湾のは本当においしいです。どれもこれもプリプリの食感で最高！　私は台湾にきて練り物のおいしさに目覚めました。

絶品スープで〆の雑炊ができないのは残念なのですが、麺を入れることはできます。

鍋 を食べるならココ！

シートウグウォ
石頭鍋《シートウグウォ》（スープ＋肉）
1人60元
※牛、豚、羊から1種類選ぶ

松江自助火鍋城《ソンジャンズージューフオグオチャン》

MRT行天宮

セルフサービスが楽しい！
行列ができる超人気鍋店

1人前がスープ＋肉のセットになっており、肉は牛、豚、羊から1種類選びます。それ以外の具材は陳列ケースから自分でとってくるシステム。スープをつくる前に具材をいったんごま油で炒めるのがポイントで、前述しましたが食べている途中に具材やスープを足すと味が薄まるので本当に注意！　たっぷり食べたい場合は、最初から人数分以上を注文するのがオススメです。一人あたり200〜300元が予算。

DATA

MAP P.166-2

住 台北市中山區松江路315號
☎ 02-2501-2063
営 11:00〜23:30
休 無休、除夕〜初四

上／スルメはカリカリになるまで炒めます。極上の石頭鍋の完成！
下／これが巨大な陳列ケース。食材名は棚のラベルをチェックしましょう。具材は一皿あたり20〜100元、お皿の色で金額が変わります。

左／つけダレは台湾でおなじみの自分好みでつくるスタイル。日本語の案内もあるのでご安心を。右／陳列ケースの上にある具材一覧。選ぶ時間が本当に楽しい！

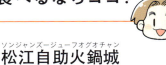

column

知っとく情報

4

ひとり鍋できるお店は数あれど二色火鍋が食べられる貴重なお店

[鴛鴦鍋《ユェンヤングォ》]

「子辣《ズラー》。個人《ガーレン》。麻辣《マーラー》」は、ひとりであの二色鍋（鴛鴦鍋《ユェンヤングオ》）を食べられる鍋専門店。台湾の人たちは本当に鍋が大好きで、これまでもおひとり様歓迎の鍋専門店はあったのですが、二色鍋はめずらしくて貴重。ひとり旅にもうれしいお店です。

２種類のスープは、鶏の骨や豚骨とフルーツなどを使った白い水梨骨湯、数種類のスパイスを配合した辛くて赤い麻辣湯の２種類。スープ＋具材（肉、野菜、主食）のセットメニューになっていて、メインは牛・豚・羊・海鮮の中から、主食は冬粉（春雨）・白飯・卵麵の中から１品選びます。さらにスイーツもついて、至れり尽くせりの内容です。

これが１人前のセット。この日は豚肩ロース「上選五花豬《シャンシュェンフーホウジュー》」を選びました。野菜もたっぷりついてきます！

火鍋《フォグオ》（鴛鴦鍋《ユエンヤングオ》）248元～

おしゃれな店内にはカウンター席が充実。ひとりでも気楽に過ごせます。

タレは好きな調味料を自分で混ぜてつくるおなじみの方式。お店オススメのレモン醤油をたっぷりのパクチーでいただきます。

DATA

MAP P.164-1

子辣《ズラー》。個人《ガーレン》。麻辣《マーラー》

MRT台北小巨蛋、忠孝敦化

肉や野菜の追加オーダーも可。店内に炊飯器が設置され、ご飯も自由におかわりできます。

住 台北市松山區延吉街12-1號 ☎ 02-2553-2020
営 11:30～14:00／17:30～21:15
休 無休、除夕～初五

Biàndāng

便《ビエン》當《ダン》

ただのっけただけが最高！四角い箱のおいしい小宇宙

台湾と日本では弁当の文字が違います。

その歴史をひもとくと、弁当の語源は、好都合、便利なことを意味する中国語南宋時代の俗語「便當」。その後、日本に伝来し「便道」「弁道」などの漢字が使われるようになり、最終的には弁用に当てることから「弁当」という文字になったとか。

台湾の人たちにとって便當（弁当）は日本から来たものという認識があります。日本の統治時代に駅弁をはじめ、弁当を利用する文化が根付いたためです。

さて、台湾にもブランド弁当があるのをご

ー台湾お弁当界のブランド品ー
池上便當
人気NO1
招牌
野菜 もりもり
煮卵
池上米の上にドーンとのった煮込み豚のスライス
日替わりスープ付き
もやしスープや コーンスープ etc…
ドーン
『池上』とは台湾東部にある町
通称『米の里』もちもち系の池上米で有名。
ピーヒョロロー
田んぼ～
有機米
池上米を使った有名店の
池上木片便當
招牌飯とメインが違うだけ
鶏腿飯
鶏もものフライ パリパリジューシー！

存じですか。その名前は「池上便當《チーシャンビェンダン》」。池上は台東にある米どころで、収穫される池上米が「もちもちしていておいしい」と評判になりました。

池上米を使ったお弁当が池上駅で販売されていたのですが、しだいに台湾全土に伝わり、**おいしいお米、お弁当といえば、池上米、池上便當と定着**したようです。

池上便當は仕切りケースなど使いません。ご飯の上や横にドカドカとおかずを詰め、排骨や素揚げした鶏もも肉といったメインをドーン！　その迫力ある配置がいかにもおいしそうで食欲をそそります（一般家庭の弁当ものっけ弁がほとんど）。

ちなみに、台湾ではステンレスのお弁当箱を使うのが一般的です。これは**保温機に入れて、お昼まで温めておく**ため。会社や学校には保温機が設置されていて、日本のように冷たいご飯を食べる習慣がほとんどないんです（電子レンジも増えています）。また、お弁当には多めに作っておいた夕食のおかずを詰めるので、朝作ることはほとんどないそうです。

便當を食べるならココ！

雞腿飯《ジートゥイファン》 105元

招牌飯《ジャオパイファン》 85元

上／チキンは別添えなので、食べる瞬間まで皮がパリパリ。自分で後のせしてみました。
下／煮込んだ豚肉がメインおかずの「招牌飯」。

池上木片便當《チーシャンムービェンビェンダン》

MRT行天宮

木の弁当箱にはツヤツヤご飯 具もいっぱいですべてが美味

「池上便當」と名前がついたお弁当屋さんは数あれど、台湾の人たちにいちばん支持されているのは「池上木片便當」でしょう。木製の弁当箱に池上米を敷き詰め、その上に野菜や卵など5～6種類のおかずをのせるのは共通、お弁当の種類によってメインのおかずが変わります。個人的には「雞腿飯《ジートゥイファン》」をイチオシ！　カリッと揚げた鶏もも肉はやわらかくてジューシー、食べ応えも十分です。

DATA MAP P.166-2

住 台北市中山區錦州街258號
☎ 02-2504-7588
営 8:00～20:00
休 無休、除夕～初四

左／大量に積み上げられた木製のお弁当箱。これほどの数もすぐに使い切ってしまいます。右／多様な“のっけ弁”をラインナップ。

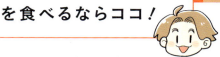

column

知っとく情報

5

めずらしい肉料理を食べたいなら鵝肉《アーロウ》という選択肢がある！

［鵝肉《アーロウ》］

鶏肉や豚肉もおいしいけれど、やはり台湾に来たからには鵝肉＝ガチョウ肉を食べてみてはいかがでしょうか。

東門《ドンメン》駅にある「金山鵝肉《ジンサンアーロウ》」では、ローカルな雰囲気の中、さまざまなガチョウ肉料理が味わえます。イチオシはそのまま燻すように調理した「鵝腿肉《アートゥイロウ》」。肉質はジューシーでやわらかいだけじゃなく、コリコリとした食感があり、少し燻すことで脂にほんのりスモーキーな風味が感じられます。皮と肉を一緒に食べると、これがたまらない！　無我夢中でかぶりついてしまうでしょう。骨があって食べにくいという場合は、骨なしの鵝胸肉《アーションロウ》を頼めばＯＫです。

見惚れるほどの脂の輝き！　鵝肉は時価、量り売り価格ですが、写真の一皿15切れ前後で300元でした。

鵝腿肉《アートゥイロウ》 時価

ガチョウの肉でダシをとった濃厚なスープにシンプルな麺の切仔麺《チエザイミェン》（40元）。途中で肉を数切れのせると最高に美味。

鵝肉を注文すると、その場で量ってガシガシと骨ごと切ってくれます。

DATA

MAP P.168-5

金山鵝肉《ジンサンアーロウ》

MRT東門

住 台北市中正區金山南路1段88號
☎ 02-2358-7627　営 11:30〜20:30
休 日、旧正月期間は未定

column
知っとく情報 6

台湾ならではのコンビニグルメ "関東煮"のローカル的味わい方

[關東煮《グァンドンジュー》]

台湾のコンビニに入ると、独特な匂いにびっくりするかもしれません。その正体は茶葉蛋《チャイエダン》。お茶や数種類の漢方系香辛料で煮た殻付きゆで卵で、殻にヒビを入れてから煮込むため味が中まで染み込んでおり、日本人もリピーター続出の人気商品です。

ですが今回オススメしたいのは、關東煮《グヮンドンジュー》と呼ばれる台湾おでん、とくに麻辣タイプは現地でしか味わうことができない味付けです。練り物や肉団子などさまざまな種類の具がありますが、インスタントラーメンを投入していただきましょう。そのおいしさたるや、きっと虜になるはずです。

これが「麻辣關東煮《マーラーグヮンドンジュー》」。辛さの奥にダシのうま味が感じられ、くせになる味。セルフで器の中に好きな具材とスープを入れ、ふたをしてレジへどうぞ。

「科学麵」「玉子麵」という名前の麵がおでんカウンターの周辺においてあるはずなので、4分の1サイズに割ってそのまま投入しちゃいます。

麵がいい感じにふやけたら食べ頃。辛いスープが麵に染み込みジャンクな味がたまらない!

ジャンクな味付けがいい〜

第3章

軽食の充実っぷりこそ台湾の魅力

至福の朝ごはん&スイーツ

台湾の漢字

19

Sānmíngzhì

三《サン》明《ミン》治《ジ》

「台湾に来てまでサンドイッチは…」あなどるなかれ、パンの実力

台湾では外来語は発音が似ている漢字を当てて表します。

たとえば、ハリウッド俳優のキアヌ・リーブスは基努李維《ジーヌー・リーウェイ》、ケンタッキーは肯徳基《ケンダージー》、マクドナルドは麥當勞《マイダンラオ》というふうにです。

サンドイッチの語源はサンドイッチ伯爵なので、英語の「Sandwich」の発音に似せて「三明治」、発音はSānmíngzhì、サンミンジ……なんでやねん!! と突っ込みを入れたくなりますが、一度覚えたらなかなか忘れない単語ですね。

さてそんな「三明治」ですが、「わざわざ

炭火!!!
ゼータクー!!
じゅう
じゅう
とくにオススメしたいのは
碳烤
=
炭火焼きタイプ。
ドドン
と!
侮っちゃあいけません!
わざわざ台湾でサンドイッチって…
ねー
約10cm
ボリューミー
阿姐的店碳烤三明治
ぬりぬり
炭火焼きされたトーストには、なんとピーナッツバター!
たっぷり野菜
ポークステーキ
卵
トローリチーズ
一口ではかぶりつけないぶ厚さ…!
豬排起士蛋
がぶがぶっ
ん〜っ甘みと塩みが交互に〜っ
お肉の香辛料がアクセントになっていい!
炭火の香ばしさを味わうならシンプルに卵とチーズがオススメ!

台湾でサンドイッチなんて……」と侮るなかれ。台湾はパンのレベルが高く（世界のパン大会で1位になったお店もあります）、サンドイッチもおいしい！　とくに「碳烤《タンカオ》」と呼ばれる炭火で焼いたサンドイッチは絶品です。「阿姐的店碳烤三明治《アージェダディエンタンカオサンミンジ》」のサンドイッチは、炭火でカリッと香ばしく焼きあげたパンにピーナッツバターを塗り、あふれんばかりの具をはさんだボリューミータイプ。炭火の香ばしさとピーナッツバターの甘み、具の塩けが複雑な味わいを作り上げており、リピーターが絶えません。

パンの種類を選べるのが「土司吐司《トゥースートゥースー》」です。こちらは具も個性的で、ポテトチップスをはさむことも！

ちなみに台湾では「麵包《ミェンバオ》」と書いてパンを、「漢堡《ハンバオ》」と書いてハンバーガーを表します。

ローカルな朝ご飯屋さんでいただくハンバーガーも素朴なおいしさがあります。ちなみに「漢堡王」はハンバーガーの王様、「バーガーキング」のことを表します。

スパイシーチキン
卵焼き
超嫩雞腿
ボクのオススメ！
土司吐司
パンの生地まで選べるのがこちら！
ナッツの香り。日本にはない感じ
竹炭
全麦
牛奶
パンは3種類
ジューシーなピリ辛味！を、フワフワの甘い卵がやわらげてくれる♪
お店の紹介は次ページ！
ポテトのカリカリ食感が…これは世紀の新発見!?
ポテトチップス！
とけだすチーズがたまらない！
2種のチーズ
フワフワ卵
チーズ好きに！
超濃起司+洋芋片

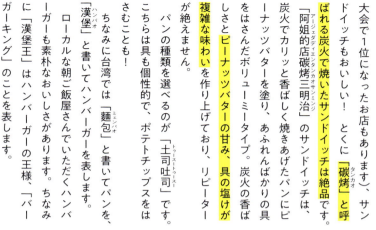

三明治 を食べるならココ！

豬排起司蛋《ジューバイチースーダン》 70元

阿姐的店碳烤三明治《アージエダデェンタンカオサンミンジ》

MRT忠孝新生

欲張りさん向けの超分厚い具だくさんサンドイッチ

炭火で焼かれたパンの香ばしさは感動もの！　チキン、ポークステーキ、ベーコン、ソーセージからメインを選び、そこに卵、チーズ、ハムをそれぞれ組み合わせる注文スタイルです。ピーナッツバターが加わることで塩けと甘みの絶妙なおいしさがつくり出され、夢中でかぶりついてしまうでしょう。よりシンプルに炭火のパンを味わいたい場合は、卵とチーズだけといった注文もできます。

DATA MAP P.165-1

住 台北市中正區八德路一段82巷9弄10號
☎ 0983-066-978
営 8:00～14:00
休 無休、除夕～初六

上／卵、チーズ、ハムの全部入れだと一口ではかぶりつけないボリューム感。下／この厚みに注目！トーストが3枚使われ、これひとつでお腹いっぱいになれます。

パンの耳まで
香ばしくて
サクサク

サンドイッチ店としては異例のメニューバリエーション。日本語の記述もあるので安心です。

超嫩雞腿《チャオネンジートイ》 55元

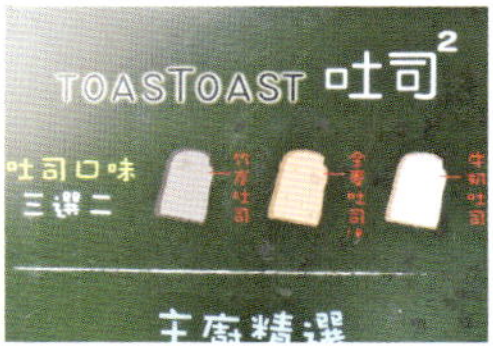

上／ピリッと辛くてジューシーなチキンにフワフワの甘い卵焼き、レタスがよく合う。左下／3種類から選べるパン。竹炭パン（写真左上）は真っ黒な色をしていて香ばしい味が人気。

土司吐司《トゥースートゥースー》

MRT公館

トーストはパンも自家製 ３種類から選べます

こちらのトーストはパンも自家製。ミルキーな味わいの鮮奶（牛乳）、穀物の味わいが濃い全粒粉パンの全麥（全麦）、生地が黒くてナッツ香がする竹炭（炭）の３種類から選べ、２種類を組み合わせてもＯＫです。ポテトチップスなどのおもしろいトッピングもあり、訪れるたびに新しい味にチャレンジしたくなるお店です。

DATA MAP P.169-13

住 台北市中正區汀州路三段160巷4-3號
☎ 02-2365-1516
営 7:00～14:00
休 無休、除夕～初五

荔枝玫瑰麵包《リーズイメイグイミエンバオ》 350元

上／持ち上げるとズッシリ、重量感があります。モチモチで吸い付くようなパン生地。スライスしてそのままはもちろん、軽くトーストしてもおいしいです。左下／オシャレな店内にはたくさんの高級パンが並んでいます。

呉寶春麥方店《ウーバオチュンマイファンデェン》

MRT象山

パンの世界大会で優勝経験あり 行列ができるパン屋さん

パンの世界大会で優勝経験もある、台湾でもトップレベルのパン屋さん。受賞作品の「荔枝玫瑰麵包」は一晩ライチリキュールに漬け込んだドライライチとバラのエキス、クルミが練り込まれており、スライスしたとたんに芳醇な香りがフワ～ッ。かみしめるほどに口内に華やかなうま味があふれます。

DATA MAP P.164-1

住 台北市信義區信義路五段124-126號1F
☎ 02-6636-5888
営 11:00～22:00
休 無休、旧正月期間は未定

column
知っとく情報
7

豆漿好きなら訪れたい！新北市・永和にある聖地「世界豆漿大王」

［ 豆漿《ドウ ジャン》 ］好きなら、ぜひ訪れてほしい場所があります。台北市の少し南側、新北市・永和《ヨンハー》区にある「世界豆漿大王《ジュージェドウジャンダーワン》」。ここは「豆漿」の聖地ともいうべきお店です。

豆漿とは豆乳のことで、台湾でいちばんポピュラーな朝ごはん。朝食はもちろん、日常的に食べられていますが、その歴史は長いようでまだ50年ほどです。

もともとは中国北部の華北地方を中心に食されていましたが、1975年に永和に開店した「世界豆漿大王」が大人気となり、台湾各地で展開するようになりました。その後、中華圏の各地で知られることになったようです。

ちなみに、台北市内のさまざまな場所で「永和豆漿」という豆漿店を見かけることがあります。赤に白い文字の看板が多いのですが、これらはチェーン店ではなく、れっきとした独立店。豆漿の発祥地をリスペクトして名付けているのです。

“聖地”だけあって店内には著名人のサインがたくさん。小籠包、点心系のメニューも豊富です。

MRTで
行けます！

DATA　MAP P.169-12

世界豆漿大王《シュージエドウジャンダーワン》

MRT頂渓

住 新北市永和區永和路二段284號
☎ 02-8927-0000　営 24時間
休 無休、政府の定める旧正月期間は休み

甜《ティエン》タイプ

砂糖入りの甘いタイプ。ただしメニューに「甜」の文字は記載されないことが多い。

ひとえに豆漿といっても こんなに選べる種類があります

卵を加えるとコクが増して美味！「熱豆《ルァードウ》漿加蛋《ジャンジャーダン》」(35元)。

写真左は米とピーナッツでつくられたもの。右は冷たい豆漿。

甜タイプは温・冷が選べる

冰

冷たいもの。おもにストローで飲むタイプ。

温

常温で、こちらもストローでいただく。

熱

熱くしたもの。器に入れ、レンゲでいただく。

鹹《シエン》タイプ

ネギやアミエビ入りの塩味タイプ。鹹タイプは温かいもののみ。

ほかにこんなものも！

清漿《チンジャン》

無糖タイプ

米漿《ミージャン》

米とピーナッツでつくられた甘い飲み物

温かくて甘い豆漿には油條《ヨウティャオ》を浸して食べよう

油條に豆漿が染み込み、一口かじると油のコクと豆漿の甘みがベストマッチ。「油條」(20元)。

20

Mań Toú

饅《マン》頭《トウ》

モクモク上がる蒸気のその先に…ふわふわの幸せがありました

大きな蒸籠からモクモクとあふれだす湯気、ほんのりと香る甘いにおい。蒸籠のふたを開けると、中からふわふわの「饅頭」や「包《バオ》子《ズ》」が登場し……。

台湾の街中でそんな場面に遭遇すると、ワクワクする人も多いのではないでしょうか。

日本の「饅頭」は中に餡を入れて蒸したお菓子を意味します。肉まん、あんまんの「まん」は、漢字で書くと「饅」のこと。

ですが台湾では、具を入れずに蒸したものを「饅頭」と呼び、肉まんのように具が入ったものは「包子」と呼んでいます。

ツルンとしたなめらかさと、手に吸い付くような皮の感触こそ「饅頭」の醍醐味。皮のおいしさをダイレクトに味わえます。

また、素材を練り込んでつくることも多く、たとえば黒糖《ヘイタン》を加えてつくる黒糖饅頭はコクのある甘みが秀逸。最近はクランベリーやバナナなど、フルーツタイプも登場しています。

小麦粉を練って、発酵させるという皮の作り方が共通しているので、「饅頭」と「包子」を一緒に販売しているお店も多いです。

肉まんは「肉包《ロウバオ》」、あんまんは「豆沙包《ドウシャーバオ》」。とくに野菜や春雨を炒めて味付けした野菜あんを包んだ「菜包《ツァイバオ》」は日本にはないおいしさで、肉好きの人もハマってしまうはず！

台湾の人たちは朝食などでも「饅頭」や「包子」を食べるので、家族分も合わせて一人で20個、30個と買っていきます。「売り切れてしまう〜」と心配になりますが、次々と蒸されているのでご安心を。蒸したてを食べられるチャンスも多いです。「饅頭」は日持ちがするので、日本へのおみやげにもいいですね。

饅頭を食べるならココ！

土包子饅頭店《ドゥーバオズマントウデェン》

MRT行天宮

ファンをつかんで離さない 饅頭屋さんの老舗中の老舗

看板もお店の雰囲気も台湾らしさがある古いお店。道路から調理場が見え、蒸し器から出ている大量の湯気に食欲がそそられます。どの饅頭も素朴などこか懐かしい味わいがし、店員さんも人情あふれる方ばかり。昔ながらの味を噛みしめてください。

各種饅頭・包子 20元～

上／その日買える饅頭や包子の見本があるので、指さしで購入できます。たっぷりあんこが入っているのは「豆沙包」（25元）。左下／以前雑誌に掲載されたことがあるらしく、日本語メニューもあり。

DATA MAP P.166-2

住 台北市中山區民生東路二段136號1樓
☎ 02-2581-6526
営 6:30～18:00
休 日、除夕～初五

黒將軍老麵饅頭《ヘイジャンジュンラオミェンマントウ》

MRT永春

自然派にこだわる饅頭は 素材の味がする、と人気上昇中

天然酵母を使い自然発酵させる昔ながらの製法を採用。伝統的な「饅頭」に紫いもやクランベリーといった話題の食材をとりいれることで、新しい味の提案をしています。一般的な饅頭は生地にほのかな味がある程度ですが、ここは素材の味がしっかりと強く出ており、何度でも食べたくなるおいしさ。

饅頭（3個） 20元～

上／左から、黒糖桂圓《ヘイタングゥイユェン》（1袋25元）、紫地瓜《ジーディーグゥア》（紫いも）、蔓越莓《マンユェメイ》（各1袋20元）。すべて1袋3個入りの値段です。左下／おしゃれなベーカリーのような店内。

DATA MAP P.164-1

住 台北市信義區虎林街151號110號
☎ 02-8789-8987
営 10:30～20:00
休 日、除夕～初三

姜太太包子店《ジャンタイタイバオズデェン》

MRT忠孝復興

いつも地元民でいっぱい！ 皆から愛される手作り肉まん

「包子」は薄皮ながらモッチリタイプ。ほんのり甘い発酵の香りがたまりません。台湾に来たら「菜包」（野菜まん）をオススメ。お店によって同じ味は二つとなく個性があって美味。とくにこの「雪裡紅肉包《シュエリーホンロウバオ》」はカラシ菜と肉を炒めたものが入っており、シャキシャキ食感とジューシーな素材のうま味を味わえます。

鮮肉包《シエンロウバオ》 18元

雪裡紅肉包《シュエリーホンロウバオ》 18元

上／中にはゴロッとした肉餡の塊。皮の底に肉汁がたまっています。

下／カラシナがたっぷりつまった野菜餡はかなり青々とした味わい。唐辛子醤油をたらすと味が引き締まってさらに美味。

DATA

MAP P.168-6

住 台北市大安區復興南路一段180號
☎ 02-2781-6606
営 月～金6:00～19:00、土6:00～18:00
休 日、除夕～初五

左／包子店にはめずらしく、2階にイートインコーナーがあります。できたてを頬張りましょう！
右／写真入りのメニュー看板であらかじめ包子のラインナップをチェック。

これも食べたい！

割包《グワパオ》

饅頭に角煮や酸菜をはさんでつくる縁起もの台湾バーガー

これが全体像！
ファ〜ン
パクチー
ピーナッツの粉
豚の角煮
高菜

グワパオ
割包《グワパオ》 55元

ZOOM UP!

さまざまな味わいの具材が混ざりあい、奥行きのあるおいしさに！

源石割包
焢肉
石家割包
綜合

角煮は３種類。焢肉《コンロウ》は脂多め、赤肉は脂少なめ、綜合《ゾンハー》は両方入り。

注文が入ってから高菜や豚肉をはさむ

テリッと煮込まれた角煮はそれだけでもおいしそう。具材はすべて手作り。

「割包」とはふわふわの饅頭に角煮や酸菜、ピーナッツ粉をはさんだ小吃のこと。「刈包《グワバオ》」とも言い、虎がお金の入った財布を食べるようなかたちに似ていることから、毎年旧暦12月16日の尾牙《ウェイヤー》（忘年会）に食されることもあります。その年の悪いことを、全部食べてなかったことにする意味があるんですね。

角煮の醤油味と高菜の酸味に、ほんのり甘い饅頭がよく合う〝台湾バーガー〟です。

DATA MAP P.166-2

石家割包《シージャーグワバオ》

MRT行天宮

臨江街夜市に本店を構える老舗。スープと一緒に注文すれば昼ごはんに最適。軽食にも。

住 台北市中山區民生東路二段138號 ☎ 02-2541-3833
営 月〜金11:00〜22:00、土11:00〜19:30 休 日、不定期で土休み、除夕〜初四

column
知っとく情報
8

台湾式、西洋式のいいとこどり折衷スタイルの朝食屋さんをご紹介

[早餐《ザオツァン》] とは朝食のこと。台湾の朝食屋さんは、豆乳や台湾おにぎり、蛋餅などが食べられる台湾式と、サンドイッチやハンバーガーなどが食べられる西洋式、大きく分けて2種類あります。

朝バーガーも台湾では一般的です。

しかし、その中間的な「中西式早餐」というスタイルが存在し、台湾ではじつはこのタイプのお店がとっても多いんです。有名なのは「美而美《メイアーメイ》」「呷尚宝《シャーシャンバオ》（JSP)」などのチェーン店、個人的には「麥味登《マイウェンダン》」というお店が気に入っています。漢堡《ハンバオ》（ハンバーガー)、満分堡《マンフェンバオ》（マフィンのバーガー)、乳酪堡《ルウルゥオバオ》（チーズを使ったバンズのハンバーガー）など、とにかく種類が豊富。法式（フランス式)、港式（香港式)、美式（アメリカ式)、泰式（タイ式）のブランチなども食べられるので、何度通ってもおもしろい一品を見つけることができます。

朝からスパゲティを食べられるお店も。見た目はふつうのジェノベーゼですが、台湾のバジルは香りが強くて美味。ちなみにスパゲティは「義大利麺」と表します。

Shuǐ Guǒ

水《シュエイ》果《グゥオ》

フルーツジュースのフレッシュ感はとろみチェックでわかるかも

台湾は言わずと知れたフルーツ天国。ジュースタンドも多く、新鮮な生搾りジュースをリーズナブルに味わうことができます。

台北に住み始めた当初「フルーツがおいしいのだから、どこで飲んでも同じだろう」と思っていたのですが、やはりお店によって差がありました。濃厚さが歴然と違うのです。

圧倒的なメニューの多さと濃厚な味わいで人気なのが「祥好喝現打果汁專賣店《シャンハオハーシェンダーグオヅージュアンマイデェン》」です。

注文が入ってからジューサーにかけるため、ここのジュースはいつも新鮮！　なぜ濃厚とわかるかというと、ジュースにとろみがある

フルーツ天国台湾
市内にはたくさんジューススタンドがありますが
その中でとくに私のお気に入りをご紹介します♪
台湾のフルーツジュースはフレッシュ・濃厚！何よりリーズナブル!!
祥好喝現打果汁專賣店
ドワーーッ!
っと！圧巻のメニュー数!!!!
フィルムで密封してくれる
オススメ
奇鳳汁
キウイパイナップル
甘さと酸味のバランスがgood!
注文してから1杯ずつジューサーにかける！
だから新鮮！
定番品
木瓜牛奶
パパイヤミルク
コクうま濃厚！

ので、この**とろみがたっぷりフルーツを使っている証拠**になるんですね（原汁タイプに限りますが）。

フレッシュなフルーツスムージーをお望みなら、色合いが鮮やかで、心躍るビジュアルが評判の「花甜果室《フワテェングオシー》」をオススメします。

朝市や常設市場でも新鮮なフルーツが並びますが、専門店のおいしさは格別です。「古亭水果吧《グーティンシュェイグオバー》」では「水果切盤《スイグゥオチェパン》（カットフルーツ）」を味わってみてください。「味が濃い！」と感動するはずです。

台湾料理では生野菜を食べることが少なく、**ジュースやカットフルーツでビタミンを補っている人も多い**ように感じます。ちなみに中華圏ではトマト＝フルーツという位置づけで、盛り合わせに入っていることも。苦手な人は注意してくださいね。

季節限定のフルーツとして、5～7月の生ライチ、5～8月のマンゴーも見逃せません。

水果を食べるならココ！

祥好喝現打果汁專賣店《シャンハオハーシェンダーグオズージュアマイデェン》

MRT南京復興

自然な甘さがおいしい！
新鮮フルーツや野菜のジュース

フルーツだけではなく、ゴーヤやニンジンなどを使った野菜のジュースも豊富。原汁《ユェンズー》＝果汁だけ、鮮奶《シェンナイ》＝牛乳とミックス、のほかに乳酸菌飲料を加えるタイプもあります。しぼりたてをすぐにフィルムで密封して鮮度をキープ。最近は袋が有料になったので、必要な場合は買いましょう。

左：木瓜牛奶《ムーグゥアニヨウナイ》 50元
右：奇鳳汁《チーフォンジュー》(奇異果《チーイーグウオ》+鳳梨《フォンリー》) 60元

上／定番的なパパイヤ酵素たっぷり「木瓜牛奶」。果実の甘さと牛乳のコクの相性がいい！「奇鳳汁」はパイナップルの甘さとキウイの酸味がミックスされてとても飲みやすいです。左下／新鮮なフルーツが並ぶショーケース。

DATA MAP P.168-6

住 台北市中山區遼寧街83號前
☎ 02-2781-6648
営 11:00〜23:30
休 日、旧正月期間は未定

古亭水果吧《グーティンシュエイグオバー》

MRT古亭

旬のおいしさが盛りだくさん
新鮮でみずみずしいカットフルーツ

「水果吧」とはフルーツバーの意味。リーズナブルにカットフルーツを味わえるのは台湾ならではです。季節によってラインナップが変わるので、旬のフルーツをいろいろ食べたいと思ったら「綜合《ゾンハー》」を選びましょう。これは日本語でいう総合、いいところ全部入りという意味です。

水果切盤《スイグゥオチエパン》 綜合《ゾンハー》 55元

上／この日はパパイヤ、パイナップル、蓮霧《れんぶ》などの盛り合わせ。
左下／冷蔵ケースに並んだフルーツは新鮮そのもので、どれもみずみずしくおいしい！　もちろんジュースもできます。

DATA MAP P.168-5

住 台北市大安區羅斯福路二段81-1號
☎ 02-2369-5659
営 8:00〜21:00
休 無休、旧正月期間は未定

花甜果室《ホワテェングオシー》

MRT忠孝復興

カラフル・スムージーの先駆け的人気店

台北では色味が華やかで、見た目もかわいいカラフル・スムージーが流行中。その先駆けとなったお店です。店内はパステルブルーを基調とし、ドリンクは「一種接近失恋的滋味：Close to the taste of falling out of love」で恋に落ちるときの味、「念念變變：indulging missing you」で行方不明など、ネーミングもユニーク。もちろん濃厚なスムージーを味わうことができます。永康街《ヨンカンジェ》に支店あり。

DATA MAP P.168-6

住 台北市大安區敦化南路一段160巷40號
☎ 02-2711-0234
営 月～木11:00～20:00／金～日11:00～21:00
休 無休、旧正月期間は未定

左：關於週末草地野餐祭《グァンユージョウモーツァオティーイエツァンジー》 115元
右：追殺芒果《ズイシャーマングオ》（季節限定品）

上／「關於週末草地野餐祭」はスイカのほんのりとした甘さとイチゴヨーグルトの酸味が好相性。新鮮なマンゴーの甘みとパイナップルの後味がさわやかな「追殺芒果」（季節商品）。季節のフルーツを使ったドリンクも多い。 下／ドリンクはジュース、ミルクシェイク、スムージーの３タイプ。

写真映えしそうなビジュアル！味は抜群です

立て看板の日本語表記を読んでみると、「宇宙炎の山」「週末の草原ピクニック」「失恋…」「桜坂の涙」などかなりおもしろいネーミングでした。

これも食べたい!!

湯圓《タンユエン》・粉圓《フェンユエン》

丸いかたちはスイーツにも！
甘くておいしい「圓」

あったか〜
ひんやり〜り

もち米を使った
甘くて丸い団子を意味
湯圓

桂花綜合湯圓《グイファーゾンハータンユエン》
（桂花ミックス団子）80元

フワフワな氷の上にごまとピーナッツの熱々湯圓が３個ずつ。さわやかな桂花シロップがけです。

ZOOM UP!

中からとろりと濃い黒ごまペースト登場。

桂花蜜

半分ほど食べたらレモン汁を追加。氷がシロップと絡みシャリシャリになり、レモンの酸味と相まって新たな別のおいしさに。

しゅわり
芝麻（ゴマ）
花生（ピーナッツ）
熱々！
湯圓
ふわっふわの氷
あったか
ひんやり〜っ
ん〜〜っ

「湯圓」はおもに冬至に食べられるもち米を使った団子で、ごまやあずきなどの甘い餡が入っています（肉餡の鹹湯圓もありますが）。

もう一つの「粉圓」、これはタピオカのことです。丸くプニプニとした形状が団子のようでもあり、「圓」の仲間。それぞれちょっと個性的な「湯圓」と「粉圓」のスイーツのお店を紹介します。

酒醸加蛋花生湯圓《ジョウニャンジャーダンフウアーシエンタンユエン》 90元

“中華版甘酒”スープの湯圓。甘酒には卵も入り、まろやかでホッとする味です。

ここで食べよう！

DATA

MAP P.164-1

御品元冰火湯圓《ユーピンユェンビンホウタンユェン》

MRT信義安和

通化夜市にある行列が絶えない湯圓専門店。イートインも可能です。饒河夜市内にも支店があります。

冰火湯圓

住 台北市大安區通化街39巷50弄31號　☎ 0955-861-816
営 月〜木18:00〜深夜0:00、金18:00〜翌0:30、土17:30〜翌0:30、日17:30〜深夜0:00　休 無休、除夕

タピオカをトッピングではなく
メインでいただく店がある
粉圓

ぷるりんっ
!?
タピオカの中にあずきが…!?!?

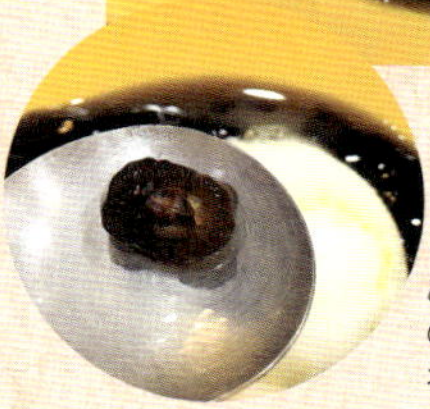

包心乳密仙草《バオシンルーミーシエンツァオ》 65元

あずきをくるんでいるため1粒の存在感がスゴイ！ここはタピオカを食べるお店なのです。

包心布丁煉乳《バオシンプーディンリエンルー》 55元

カカオ、イチゴ、卵と3種類の布丁（プリン）にアイスクリームともりだくさん。練乳もかかっています。

The〃トッピングコーナー
ローカルなスイーツ店では「圓」の字をよく目にするはず♪
そこかしこに～
粉圓
芋圓
地瓜圓
涼圓
湯圓

ここで食べよう！

DATA MAP P.169-10

魏姐包心粉圓《ウェイジエバオシンフェンユェン》

MRT龍山寺

中にあずきを包んでいるから「包心粉圓」という名前に。台北でもめずらしい変わり種のタピオカ専門店です。

魏姐包心

住 台北市萬華區桂林路1號1F美食街 ☎ 02-2383-0116
営 10:00～21:00、除夕のみ10:00～18:00
休 無休、旧正月も無休

タピオカが主役の
デザートばかり。
プリンやバニラなどの
ミルク系との相性もいい！

column
知っとく情報
9

どんなドリンクスタンドでも使える注文がラクになる5つのポイント

[飲料《インリャオ》]

台湾のドリンクスタンド（飲料店《インリャオデェン》）には、さまざまなメニューや選べるトッピングがあります。種類が多くてうれしい半面、言葉がわからなくて苦労することもあるのではないでしょうか。

そこで、「水巷茶弄《シュェイシャンチャーノン》」というお店を例に、どんなドリンクスタンドでも通用する注文の方法をご紹介します。ポイントは5つ。1. 注文したい商品、2. トッピング、3. サイズ、4. 甘さ、5. 氷の量をおさえればOKです。

中国語は発音が難しいので、「我要《ウォヤオ》～」と言いながら商品名を指差すか、紙に書いて渡すのもありです。

また、メニューでよく使われる文字と意味をなんとなく覚えておくと選択肢も広がり無敵！　簡単に注文できます。

STEP 1 商品を選ぶ

たとえばこんなシリーズがあります

獨家特調《ドゥジャーターテャオ》
店オリジナルのドリンクを集めたシリーズ。獨家＝オリジナルの意味。

蛋糕奶茶《ダンガオナイチャー》
ケーキクリーム入りのシリーズ。蛋糕＝ケーキ、奶茶＝クリームの意。

新鮮原汁《シンシェンユエンジュー》
新鮮な果汁を使ったシリーズ。原汁＝フレッシュジュースを意味します。

拿鐵《ナーティエ》(鮮奶《シェンナイ》)
フレッシュミルクを使ったラテのシリーズ。拿鐵＝ラテ、鮮奶＝牛乳。

醇品奶香《チュンピンナイシャン》
生クリームを使ったシリーズ。醇品＝混じり気のない、奶香＝ミルクの香りの意味。

鮮茶香茗《シェンチャーシャンピン》
ベースはお茶。鮮茶＝新鮮なお茶、香茗＝香り高いお茶の意味。

養生益氣《ヤンシェンイーチー》
健康志向のドリンクを集めたシリーズ。養生＝健康、益氣＝補気の意味。

好みや目的に
合わせて
選びましょう

「獨家特調」「鮮茶香茗」はジャンルの名前。いわゆるベースのようなもので、その中にいくつものメニューがあります。

STEP 2 トッピングを選ぶ

膠原晶鑽《ジャオユェンジンザン》

コラーゲンゼリー

愛玉《アイユー》

オーギョーチ（ゼリー）

定番!

白玉珍珠《バイユーチェンジュー》

白タピオカ

手作布丁《ジョウズオブーディン》

手作りプリン

コリコリ

椰果《ヤーグオ》

ココナッツゼリー

トロプチッ

小紫蘇《シャオジースー》

バジルシード

蘆薈《ルーホイ》

アロエ

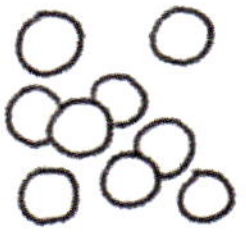

寒天晶球《ハンテェンジンチョウ》

寒天ゼリー

現煮紅豆《シェンジューホンドウ》

煮あずき

トッピングは
めずらしい
ものが多い!

STEP 3 サイズを決める

※「水巷茶弄」にはSサイズはありません。また瓶はオリジナルです。

小杯《シャオベイ》＝Sサイズ	中杯《ジョンベイ》＝Mサイズ	大杯《ダーベイ》＝Lサイズ	瓶《ピン》

STEP 4 甘さを決める

甘くない ←→ 甘い

無糖《ウータン》	三分糖《サンフェンタン》	五分糖《ウーフェンタン》	七分糖《チーフェンタン》	正常糖《ゼンチャンタン》
シロップまったくなし。お茶そのままの味を楽しむ場合はこれがおすすめですが、飲んでいると口が渋くなる飲み物も多い。	甘さ控えめで、紅茶などは少し苦味を強く感じるかも!?　微糖《ウェイタン》ともいいます。	デフォルトの半分の量。これくらいの甘さがちょうどよいかも。半《バン》糖《タン》ともいいます。	正常糖から少し減らした程度でこれでも結構甘いです。	デフォルトの量という意味。日本人にとってはかなり甘く感じるかもしれません。

STEP 5 氷の量を決める

なし ←→ 多い

去冰《チュービン》	微冰《ウェイビン》	少冰《シャオビン》	正常冰《ゼンチャンビン》
氷なしの意味。夏の暑い日はすぐに常温になってしまうので注意！	氷はちょっとだけ。少冰よりも少なく、途中で溶けてなくなるくらいの量。	氷を少なめ、の意味。	デフォルトという意味。お店が決めた量で結構多めです。

個人的には「少冰五分糖《サオビンパンタン》」＝氷少し、甘さ半分が味的にオススメです。
カロリーが気になる方は三分糖でもよいかもしれません。

水巷茶弄 おすすめBEST 3

おすすめ 1

桔香小紫蘇《ジンシャンシャオズースー》

冬瓜茶ベースに金柑の酸味がプラスされてスッキリとした味わい。バジルシードの粒々とした食感がプラスされ、飽きないおいしさ。

おすすめ 2

膠原莓果露《ジャオユェンメイグオルー》

コラーゲンとクランベリーのジュース。甘酸っぱい後味と、プニプニとした歯ごたえのコラーゲンゼリーがおいしく、飲みごたえがある一杯です。

おすすめ 3

珍珠奶茶《チェンジューナイチャー》＋寒天晶球《ハンティエンジンチョウ》

定番のタピオカミルクティーにコリっとした弾力の寒天晶球（寒天ゼリー）をトッピング。2種類のプニプニ感が味わえる欲張りな派にオススメの一杯。

DATA MAP P.166-2

水巷茶弄《シュェイシャンチャーノン》

MRT行天宮

トッピングの種類が多く、独自性のあるドリンクが人気。

住 台北市中山區松江路297巷18號 ☎ 02-2517-4782
営 月～土10:00～21:00／日10:00～18:00 休 無休、政府の定める旧正月期間は休み

台湾では袋は有料。「要袋子嗎《ヤオダイズマ》？（袋は要りますか?）」と聞かれるので、ほしい場合は「要《ヤオ》」、要らない場合は「不用《ブヨン》」と答えましょう。最近はマイドリンクホルダーやマイドリンク袋なるものも登場しています。

你好《こんにちは》〜
ニャ〜

第4章

さらなるローカルの味を目指して！

郊外のグルメタウン、三重・板橋へ

三重《サンチョン》&板橋《バンチャオ》 郊外で楽しむぶらりグルメ散歩

はじめて台湾を訪れると「台湾にも三重や板橋があるの!?」と驚きます。

三重は川を渡った台北市の北西側に位置しており、市は新北市。台北市の衛星都市として発展しました。

以前は工業地域として栄えたため、肉体労働をする人も大満足できる、味よし、量よし、値段よし、の三拍子そろった老舗が多いのも特徴。グルメタウンとしても注目されています。

一方、板橋は台北市の南西側に位置する街。台湾高鐵（新幹線）の途中駅としても知られています。

どちらも台北市内からMRTで15分ほどですが、市内とは違ったローカル台湾を満喫でき、最近はコアな観光客が足を伸ばす話題のスポットになっています。そんな三重・板橋のローカルグルメを紹介します。

オススメグルメ 1

三重

今大魯肉飯《ジンダールーロウファン》

MRT台北橋

DATA MAP P.169-9

住 新北市三重區大仁街40號
☎ 02-2983-6726
営 6:30〜21:00
休 不定休、旧正月期間は未定

ご飯までタレがしみしみ！ 肉たっぷり太っ腹な魯肉飯

台湾の人たちの間でも、三重のおいしい魯肉飯のお店として人気。ご飯の上にはテリテリに輝く大きめの豚肉がたっぷり！　同じタレで煮込まれた魯《ルウ》豆腐《ドウフ》や魯蛋《ルウダン》、しいたけと骨付きの豚バラ肉とニンニクが入った「香菇排骨《シャングーバイグウ》湯《タン》」（50元）も必食です。

魯肉飯《ルーロウファン》 30元

タレは甘みが少なく、香辛料は控えめ。日本人好みの味付けです。

ZOOM UP!

フワッフワの豆腐はまるでやわらかいハンペンのよう。

魯豆腐《ルウドウフ》 10元
魯蛋《ルウダン》 10元

店頭での調理風景。お鍋の中は茶色の宝石箱です。

五燈奬豬脚《ウーダンジャンジュージャオ》

MRT台北橋

DATA MAP P.169-9

住 新北市三重區正義北路38號
☎ 02-2984-2727
営 9:00～21:30
休 無休、除夕～初六

豬脚《ジュージャオ》（小）100元

トロトロに煮込まれた豚のもも肉。白飯がいくらあっても足りません。

口に入れた瞬間にとける コラーゲンたっぷりの豚足

　豚足が苦手な人にも、こちらのお店をオススメしたい！　新鮮なお肉を使っているため、豚足特有の臭みなど一切なし。トロトロの極限まで煮込まれており、醤油ベースの汁がしっかりと肉に染み込んでいます。テーブル調味料の唐辛子を適量（入れ過ぎ注意！）つけていただくとヤミツキの味です。

コラーゲンがたっぷりのった魯肉飯。ご飯の底までタレが染み込んでます。

唐辛子の果肉を残した辛味調味料は突き抜けた辛さ。つけすぎに要注意！

トロトロの豚肉に
辛味調味料
が合う！

清潔で広々とした店内で落ち着いて味わうことができます。

店頭でグツグツと煮込まれている様子がたまらない。テイクアウトもできます。

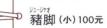

順昌鮮肉小籠包《チュンチャンシェンロウシャオロンバオ》

早餐
豆漿
米漿
純手工小籠包

MRT三重國小

DATA MAP P.169-9

住 新北市三重區龍濱路130-1號
☎ 0923-711-832
営 5:00〜13:00 休 火、旧正月期間は未定

小籠包《シャオロンバオ》 1個7元

10個入っても70元！ ローカル店は安さも魅力です。

早朝オープンの専門店で “汁なし” 小籠包を味わう

小籠包の主役はあふれでるスープのイメージがありますが、こちらの小籠包は割ってもスープが出てきません。しかし驚くほど中の餡はジューシーでフワフワ、トロトロ。噛むと隠れていた肉汁が口の中でジュワッと爆発するよう。有名店の小籠包とは、また違ったおいしさを楽しめます。

ZOOM UP!

ビックリするほど餡がやわらかく、餡にスープが染み込んでいます。

その場で包んでいるので、つくりたてが味わえます。

一般的な朝食メニューもありますが、やはり人気は小籠包。

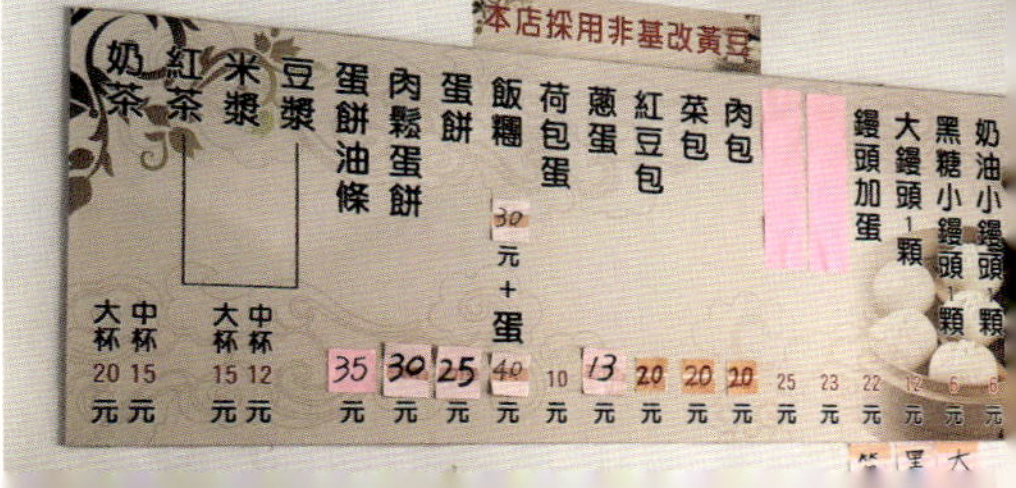
本店採用非基改黃豆
奶茶
紅茶
大杯 20元
中杯 15元
米漿
豆漿
大杯 15元
中杯 12元
蛋餅油條 35元
肉鬆蛋餅 30元
蛋餅 25元
飯糰 30元+蛋 40元
荷包蛋 10元
蔥蛋 13元
紅豆包 20元
菜包 20元
肉包 20元
25元
23元
饅頭加蛋 22元
大饅頭1顆 12元
黑糖小饅頭1顆 6元
奶油小饅頭1顆 6元

10個食べても70元！
うれしいローカル価格

龍濱老店 大腸麵線《ロンビンラオデェンダーチャンミェンシェン》

MRT三重國小

DATA MAP P.169-9

住 新北市三重區龍濱路239號
☎ 0935-180-482 営 6:45〜18:00
休 月、旧正月期間は未定

やはり、麺線には香菜（パクチー）ですね。でも嫌いな人は抜いてもらうこともできます。

こんな甘い麺線は初体験！ 麺線好きなら必須のお店

日本人が選ぶ台湾で食べたいB級グルメでつねに上位になるのが麺線。スープはとろみのあるかつおダシ、食感のない素麺のような麺をレンゲで食べる麺料理です。こちらのお店の麺線は甘味強めで独特なおいしさ。とくに麺線を食べ慣れている人であれば、この違いを納得いただけるはずです。

ZOOM UP!

甘みのきいた麺線
毎日通いたい…

大腸大盛りの麺線も注文可能です。しかし安い!!

大きな鍋で煮込まれている麺線。ちなみに調理場はお店の中のバイク屋台の上です。

仁愛豆漿《レンアイドウジャン》

MRT三重國小

DATA MAP P.169-9

- 住 新北市三重區秀江街226號
- ☎ 02-2973-5222
- 営 5:30〜18:30
- 休 無休、旧正月期間は未定

ネギ好きならいつでも食べたい パリパリに揚げられた葱油餅

葱油餅とは、小麦粉を練った生地にネギを巻き込んで鉄板で焼いたもの。焼くのが一般的ですが、こちらのお店では揚げた葱油餅が食べられます。価格は15元、卵をトッピングしても25元という魅力的な安さ。注文が入ってからその場で揚げるので、つねにできたてが味わえます。

高温の油で一気に揚げられているため、まわりはパリパリだけど中の卵はふわふわのままです。

葱油餅加蛋《ツォンヨービンジャーダン》 25元

ZOOM UP!

その場でこねて、その場で揚げる。もちろんその場で食べましょう！

三重駅のもっと手前、台北橋駅あたりがオススメ

三重へのアクセス

台北駅からの所要時間

●MRTで

台北駅 ← 台北橋（中和新蘆線＋淡水線　合計約10分）

台北捷運（MRT）中和新蘆線の「台北橋」を中心としたエリア。地下鉄でたった10分程度行くだけで、また違った台北の表情を楽しむことができます。

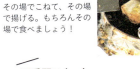

永昌牛肉麺《ヨンチャンニョウロウミェン》

MRT板橋

DATA MAP P.169-8

住 新北市板橋區中山路二段106號
☎ 02-2962-3161
営 11:00〜21:00
休 水、旧正月期間は未定

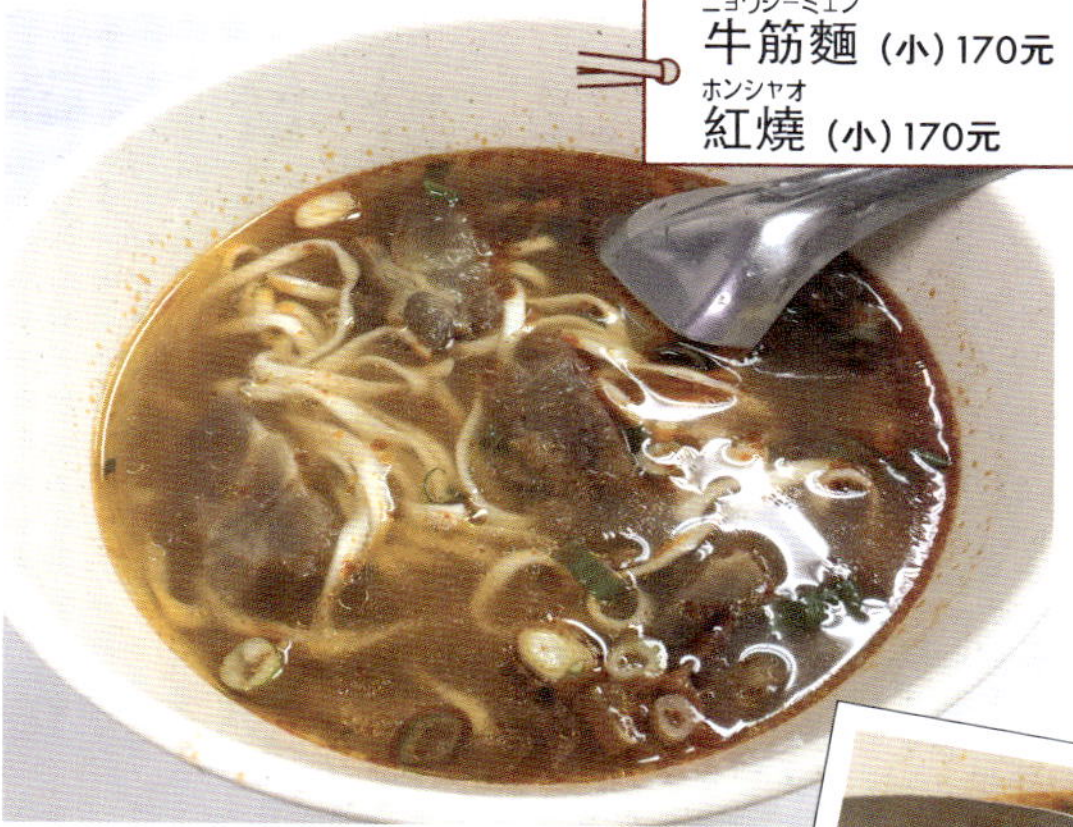

牛筋麺《ニョウジーミエン》（小）170元
紅焼《ホンシャオ》（小）170元

ピリ辛スープが特徴の「紅焼」。麺と絡み合う濃い口のスープは最後まで飲み干したくなります。

わざわざ食べに来る価値アリ 板橋 No.1 の牛肉麺

麺をよく見ると少し平べったくなっていて、この形がツルツルッとした食感を生み出しています。紅焼のスープは少し漢方の味わいを感じるタイプ。食べた瞬間はピリッと辛いものの、口の中がうま味で満たされあとをひく味です。やわらかさの中にかみしめたくなる弾力があるお肉も美味。

ZOOM UP!

少し漢方系の味がするスープ。お店の外まで独特な匂いが漂っています。

あっさりめが好きな人は透き通ったスープの「清燉」がオススメ。

牛肉麺《ニョウロウミエン》（大）170元
清燉《チンドゥン》（大）170元

店の奥でスープをとる牛肉を切り分けているところ。

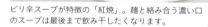

油庫口蚵仔麵線《ヨウクーコウオアミェンシェン》

MRT板橋

DATA

MAP P.169-8

住 新北市板橋區文化路一段188巷44號
☎ 02-2257-6445
営 9:30〜19:00 休 無休、除夕〜初七

蚵仔口味《オーアーコーウェイ》 50元

小ぶりなカキはうま味が凝縮されており、麺線とよく合います。

板橋人なら誰もが愛するカキ入り麺線

具のカキは小ぶりなものの、生臭くなくてとても新鮮！　麺線のカキは片栗粉を薄くつけてからゆでるのが一般的ですが、少し厚めにつけることで片栗粉の層ができ、プルプルとした食感に。濃厚なかつおダシを含んで抜群のおいしさです。なお、こちらのお店は台湾ソーセージ（香腸）も名物です。

カキの
プリプリ感
麺線と合う〜！

烤香腸《カオシャンチャン》 25元

一般的な香腸は甘めの味付けですが、ここのはほのかに甘い程度。生ニンニクをかじりながら、がローカル流です。

カキ以外に大腸が入ったものも。「清麺線」は具なしの意味です。

隣では「香腸」を焼いており、香ばしい匂いが漂っています。

高記生炒魷魚《ガオジーシェンチャオヨウユー》

MRT板橋

DATA MAP P.169-8

住 新北市板橋區宮口街28號
☎ 02-2960-3503
営 8:00～17:00 休 月、除夕～初三

生炒魷魚《シエンチャオヨウユウ》 45元

ZOOM UP!

「魷魚」とはスルメイカのこと。醤油ベースのスープは意外にあっさりですが、スルメイカの濃厚なダシが感じられます。

コリコリとしたイカの食感を残すように調理。しっかりうま味も残っています。

ZOOM UP!

もう一つの名物の大根餅は一般的な厚みの2倍！ 特製のニンニク醤油と一緒に。

炸蘿蔔糕《ジャールオボガオ》 20元

行列が絶えない人気店で食すイカのうま味たっぷりスープ

「生炒魷魚《シェンチャオヨウユー》」とはスルメイカとキャベツをとろみのある甘辛タレで煮込んだスープ。ローカルに大人気のお店なので確実に並びますが、回転は早いのでご安心を。大ぶりにカットしたイカは歯ごたえもうま味も十分。揚げた大根餅「炸蘿蔔糕《ジャールオボガオ》」とセットでいただくことをオススメします。

炸蘿蔔糕はじつは別のお店の商品。本来はテイクアウト専門ですが、生炒魷魚をイートインする場合に限り、炸蘿蔔糕も店内で食べられます。

揚げることで、大根の淡泊な味に油のコクが加わり美味。モチモチとした食感にハマります。

※炸蘿蔔糕のみを店内で食べることはできません。

2個蛋《リャンガダンショウズオダンピン》 手作蛋餅

MRT板橋

DATA

MAP P.169-8

住 新北市板橋區新海路16號
☎ 0908-070-298
営 7:30～14:00　休 月、旧正月期間は未定

香芋花生起司《シャンユィファーシエンチースー》 75元

タロイモ入りの蛋餅は休日限定、売り切れ必至！

タロイモのめずらしい蛋餅が食べられます。パリパリの皮にトロトロのチーズ、そこにタロイモのねっとりとした甘みと濃厚な花生《ファーシェン》(ピーナッツ)ソースが加わると……塩けと甘みの連鎖攻撃にやられちゃいます！　タロイモの商品は休日限定、午前中に行かないと売り切れになるようなのでご注意を。

ZOOM UP!

豚肉っぽく見えるのがタロイモ。ネットリ食感がコッテリとした花生ソースによく合い、複雑な味わいに変化。

花生ソースなしもあり。チーズの塩気とタロイモの甘みがよいハーモニーを生み出しています。

名物はタロイモですが、一般的な蛋餅ももちろん注文できます。

タロイモの
甘味がチーズ
と合う！

懷念泡菜臭豆腐《フワイニェンパオツァイチョウドウフー》

MRT府中

DATA MAP P.169-8

住 新北市板橋區文昌街1號
☎ 02-8964-7573
営 11:00〜23:30　休 無休、除夕〜初五

臭豆腐《チョウドウフ》 50元

名前は「臭豆腐」ですが、揚げてあるタイプです。泡菜と呼ばれるキャベツの酢漬けと一緒に食べることで、臭みがうま味に変わります。

臭味とうま味が群を抜く！臭豆腐好きはたまらない名店

黃石市場《ホワンシースーチャン》にある創業30年の老舗。炸臭豆腐は外がカリッカリで中に少し空洞があり、軽めの食感が一般的ですが、こちらはカリカリ感が少なめで、中はソフト＆ジューシー。臭味とうま味が強く、臭豆腐好きにはたまりません。泡菜も酸味が控えめで、臭豆腐本来の味を楽しめます。

ZOOM UP!

ここの臭豆腐
かなり
マニア向き…

板橋にはオシャレな
お店も増えています！

板橋へのアクセス

台北駅からの所要時間

●高鐵で
台北駅
↓ 板南線 約7分
板橋駅

●MRTで
台北駅
↓ 板南線 約10分
板橋駅

台北ー板橋間は台湾新幹線の自由席だと35元で乗車が可能。所要時間は7分と短く、区間内はトンネルのため景色は楽しめませんが、一度台湾新幹線に乗ってみたいという人にはよいかも。ちなみに豪華なビジネス車両は230元です。なお、MRTの板南線でも実際に電車に乗っている時間は約10分と新幹線とあまり変わりありません。

column

知っとく情報

10

入国審査場の混雑も気にならない！台湾リピーターが優先入国できる許可証がある

「海外旅行で行きたい国ランキング」でここ数年つねに上位の台湾。世界中から旅行客が集まってきており、空港の入国審査場はつねにたくさんの人であふれています。到着の飛行機が重なり、運が悪いと審査に1時間待ちもあり得るほど。そんな問題を解決するべく、台湾リピーターのための特別な許可証があります。それは常客証《チャンカーゼン》と言われるもので、入国審査場では特別レーンを通ることができるので、行列を横目にスマートに入国をすることが可能です。

常客証が発行されるのは、直近12カ月以内に3回以上台湾を訪れた方が対象で、申請費用などは一切かかりません。

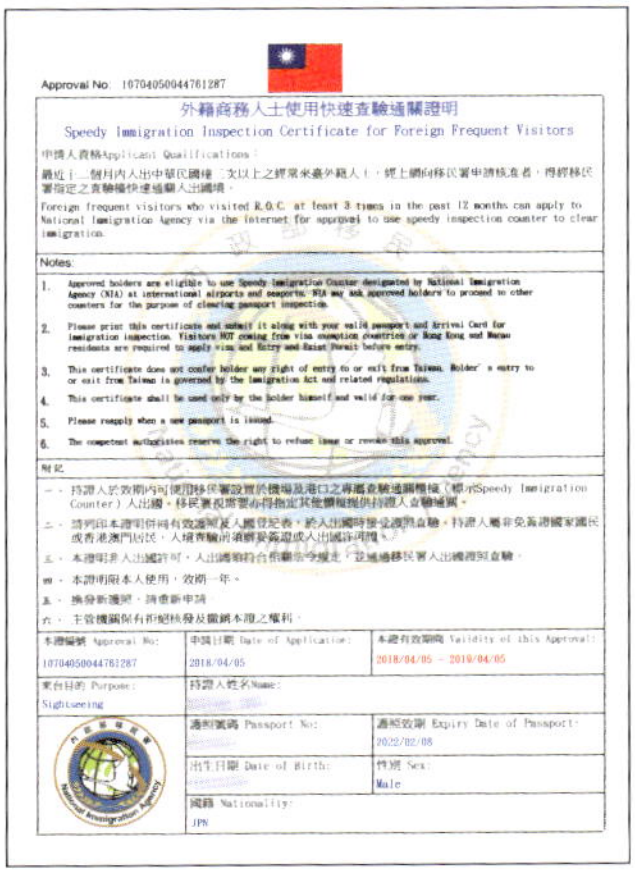

Approval No: 10704050044761287

外籍商務人士使用快速查驗通關證明

Speedy Immigration Inspection Certificate for Foreign Frequent Visitors

申請人資格Applicant Qualifications：

最近十二個月內入出中華民國境三次以上之經常來臺外籍人士，經上網向移民署申請核准者，得經移民署指定之查驗櫃快速通關入出國境。

Foreign frequent visitors who visited R.O.C. at least 3 times in the past 12 months can apply to National Immigration Agency via the internet for approval to use speedy inspection counter to clear immigration.

Notes:

1. Approved holders are eligible to use Speedy Immigration Counter designated by National Immigration Agency (NIA) at international airports and seaports. NIA may ask approved holders to proceed to other counters for the purpose of clearing passport inspection.
2. Please print this certificate and submit it along with your valid passport and Arrival Card for immigration inspection. Visitors NOT coming from visa exemption countries or Hong Kong and Macau residents are required to apply visa and Entry and Exist Permit before entry.
3. This certificate does not confer holder any right of entry to or exit from Taiwan. Holder's entry to or exit from Taiwan is governed by the Immigration Act and related regulations.
4. This certificate shall be used only by the holder himself and valid for one year.
5. Please reapply when a new passport is issued.
6. The competent authorities reserve the right to refuse issue or revoke this approval.

附記

一、持證人於效期內可使用移民署設置於機場及港口之專屬查驗通關櫃檯（標示Speedy Immigration Counter）入出國。移民署視需要亦得指定其他櫃檯提供持證人查驗通關。

二、請列印本證明併同有效護照及入國登記表，於入出國時接受證照查驗。持證人屬非免簽證國家國民或香港澳門居民，入境查驗前須辦妥簽證或入出國許可證。

三、本證明非入出國許可，入出國仍須符合相關法令規定，並經移民署入出國證照查驗。

四、本證明限本人使用，效期一年。

五、換發新護照，請重新申請。

六、主管機關保有拒絕核發及撤銷本證之權利。

本證編號 Approval No: 10704050044761287	申請日期 Date of Application: 2018/04/05	本證有效期間 Validity of this Approval: 2018/04/05 - 2019/04/05
來台目的 Purpose: Sightseeing	持證人姓名Name:	
National Immigration Agency	護照號碼 Passport No:	護照效期 Expiry Date of Passport: 2022/02/08
	出生日期 Date of Birth:	性別 Sex: Male
	國籍 Nationality: JPN	

これが私の常客証。申請には簡単な英語が必要です。

内政部移民署のホームページ（https://niaspeedy.immigration.gov.tw/nia_freq）から申請ができプリントアウトをして、入国の時に提示すればOK。台湾リピーターはぜひ申請して入手しましょう。なお、常客証は申請日から1年間有効です。

あ〜〜…
ひとくちくらい
くれニャ〜〜っ
キラ
キラキラ
こっこれは
君には毒
なのっっ
ポカポカ
じゃっじゃあ
こんなトコで
たべないでよっ
ポカ
ごめん
よおおお〜っ
イイ匂い
させてっっっ

第5章

インスタント麺、調味料は必須！

スーパーで厳選したグルメなおみやげ

オススメ！インスタント麺

製法や味付けにこだわりのあるインスタント麺をご紹介。いま、キテます！

曽拌麺《ツォンバンミェン》

迪化街にある麺専門店「曽」がプロデュースし、麺のクオリティが高いと話題。写真右はいちばん人気の香葱椒麻味。

びらびら麺

波打った形が特徴的。食材を練り込んだタイプなど、種類はさまざま。

唐辛子麺

パッケージに赤い唐辛子……ズバリ辛い麺です。辛味とともに酸味も感じさせ、不思議とあとを引くおいしさ。歯ごたえにも特徴があります。

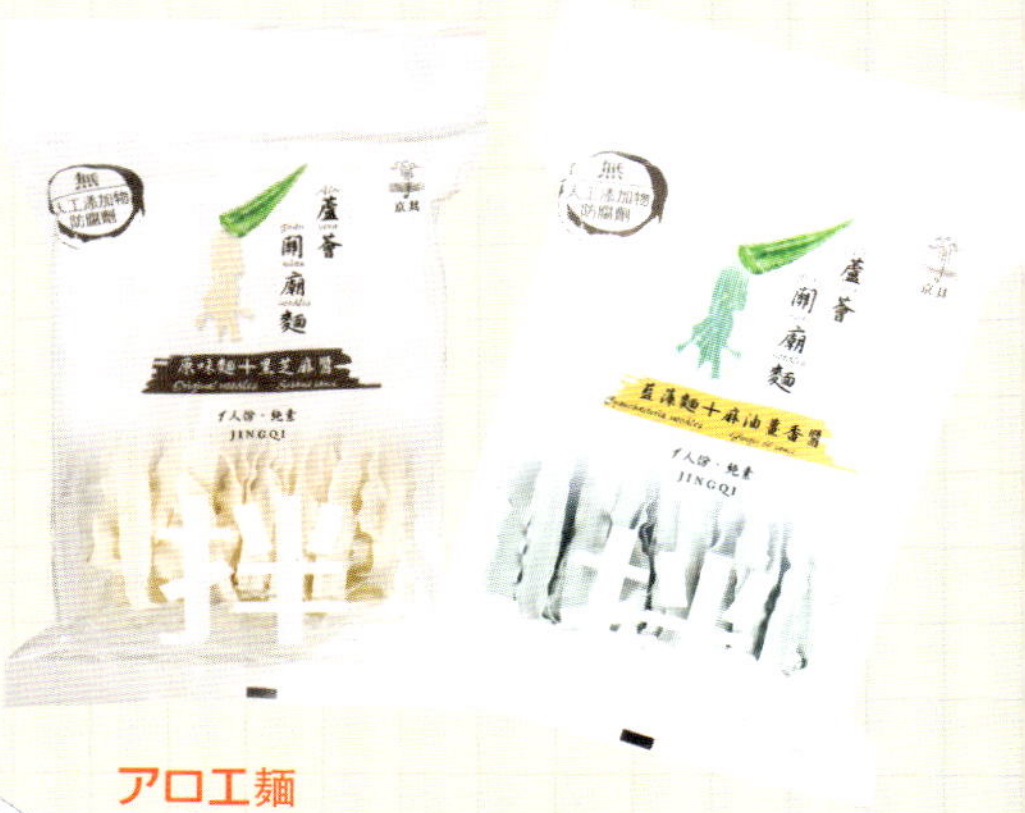

アロエ麺

色は違えど、どちらもアロエを練り込んだ麺。アロエ自体は無味無臭です。それぞれ黒ごま味、ごま油＋しょうがの味のスープ付き。無添加、防腐剤不使用です。

紅麹麺

紅麹を練り込んでおり、少し発酵したような香りが鼻から抜け、麺自体にもコクがあります。ソースなしなので自由な味付けでどうぞ。

※本章で紹介した商品はチェーン系スーパーを中心に購入可能ですが、店舗によって品揃えが違う場合があります。あらかじめご了承ください。第5章に掲載されている商品以外の台湾の食品を日本に持ち帰る際は、入国管理局ホームページをご確認ください。

ストレート麺

ややや細めのタイプから幅広タイプまで、オススメのストレート麺です。

関廟麺《グヮンミャオミェン》

台南は関廟区でつくられたご当地麺。台南の強い日差しで天日干しするため、乾麺だけどコシも十分。ソースが付いていないので、自分好みの味で仕上げましょう。

芝麻醬拌麵《ジーマージャンバンミェン》

麺屋さんで定番の芝麻醤拌麺が手軽に食べられる商品。芝麻醤のドロッとしたソースとごまの香りは、いつ食べてもおいしい！

ビーフン

米粉（ビーフン）の特産地、台北は新竹から個性的な２品をセレクト。

糙米米粉《ツァオミーミーフェン》

米だけでつくる高級ビーフン。原料に玄米を使用しているので、茶色いのが特徴です。一般的な白いビーフンよりも穀物系の風味があります。

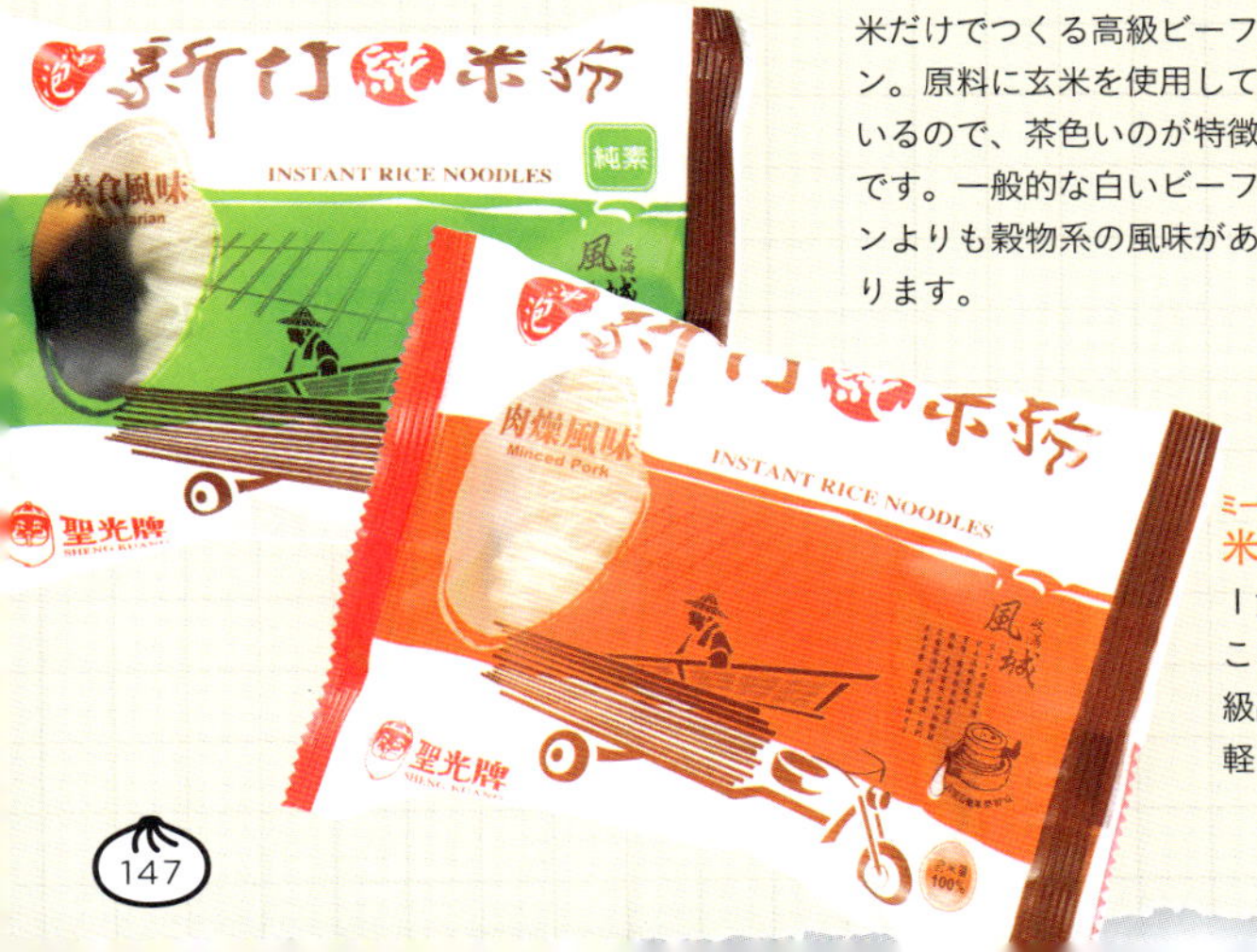

米粉《ミーフェン》

１食ずつ個包装した新竹産米粉。こちらも米100％でつくられた高級品です。ソース付きなので、手軽に調理できるのもうれしい。

意麺《イーミェン》

台南名物の平打ち縮れ麺のこと。台湾ではめずらしくコシがあります。

煮込み専用意麺

食べ放題の鍋屋さんでよく見かける油で揚げた太めの麺。煮込むとスープをよく含み、フワフワになります。台南ではよく見かける鍋焼意麺の麺はこれと同じ種類。

鹽水意麺《ユェンシュェイイーミェン》

台南の鹽水地方でつくられる名物麺で范家ブランドが有名です。ツルッとした食感がおいしく、コシもあり。スープなしのまぜ麺にするのがオススメです。

雙連朝市で鹽水意麺を発見

鹽水は台南の地名。そこでつくられる「鹽水意麺」はおいしいと評判のブランド麺です。台湾の人たちは基本取り寄せするので、台北ではあまり見かけませんが、雙連朝市で販売しています。日本語表記もあります。

その他

台湾は麺の種類が本当に豊富。他にもこんなおもしろい麺を見つけました。

麺線《ミェンシェン》

お店の味とまではいかないまでも、再現性高めなインスタント麺線。現地でもいちばん人気のあるカキの麺線です。

雞絲麺《ジースーミェン》

麺に味がついているのでお湯を注ぐだけでＯＫ。台湾の“チキンラーメンの元祖”です。専門の飲食店もあり、隠れた人気があります。

インスタント麺のオススメ調理法

フライドエシャロット

ゆでたびらびら麺にドライエシャロットをのせて風味とサクサク食感をプラス。黄身トロトロの目玉焼きやポーチドエッグをのせても美味。

ネギ油

ストレート麺に肉そぼろとネギ油を加えてよく混ぜます。そぼろは市販の瓶詰めや缶詰でもＯＫ。台湾製だとなお現地っぽい味に。

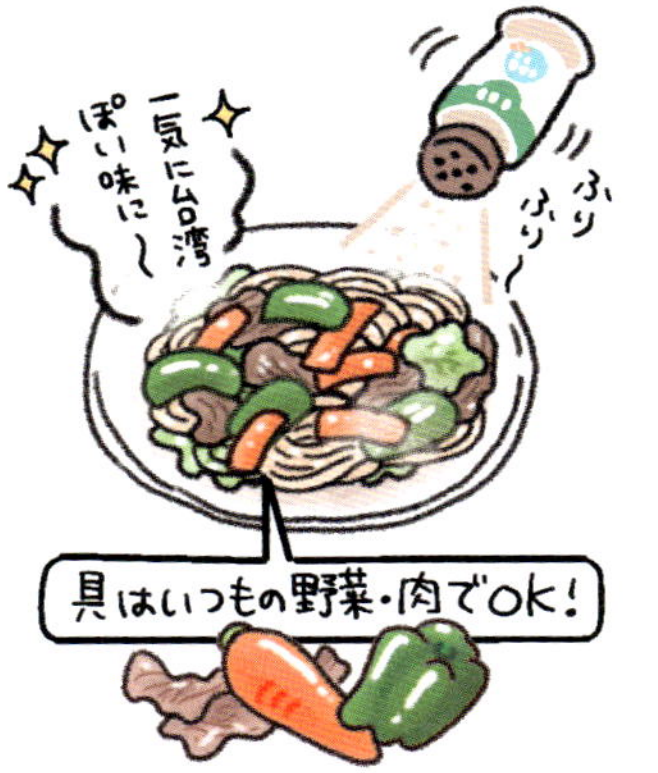

台湾塩コショウ

このコショウをかけるとなんでも台湾の味！　ビーフンと肉、野菜（ニンジン、ピーマンなど）を炒め、最後にふりかけていただきましょう。

※台湾からの肉製品や肉加工品の持ち込みは禁止されています。

これで いつでも台湾味 調味料

ちょっと使うだけで台湾を思い出す……そんな調味料を集めました。

HACCP QUALIFY
Made in Taiwan

大根漬物

大根の漬物のようなもの。辛みがあり、白飯と食べてもよし、魯肉飯と一緒に食べてもよしで、ご飯のお供に最高です。

花椒油

花椒を浸して香りや辛味を移した風味油です。野菜や肉の炒めものの最後にかけると、花山椒がピリッと香り、風味豊かに仕上がります。

眞好家
花椒油
真本原料
不含香精色素

新竹福源
花生醤

ピーナッツバター

舌にまとわりつくほど濃厚で甘さ控えめ。粒感を残しているため、コリコリとした食感がアクセントに。トーストに塗ると最高です。

台湾コショウ

濃厚五香粉はひとふりで台湾風味に変わる“魔法の粉”。クミン配合の大漠孜然風味料は肉料理にどうぞ。とくに羊肉によく合います。

小磨坊
濃香五香粉
Five Spice Powder
小磨坊
大漠孜然風味料
Cumin & Spices

台湾ほんだし

日本未発売のホタテバージョン。同商品のかつおダシとは違い、ホタテ独特の海鮮風味が美味。お粥から炒めものまで万能に使えます。

AJINOMOTO
味之素
ほんだし
烹大師
干貝風味
調味料

さらさら～っ
このだしでお粥をつくると台湾ぽいお粥になる！
くつくつくつ
日本では買えない貝柱のもの

フライドエシャロット

白飯の上にのせるだけで極上の葱油拌飯（ネギご飯）が完成。炒めものやラーメンに入れると味に奥行きがでます。

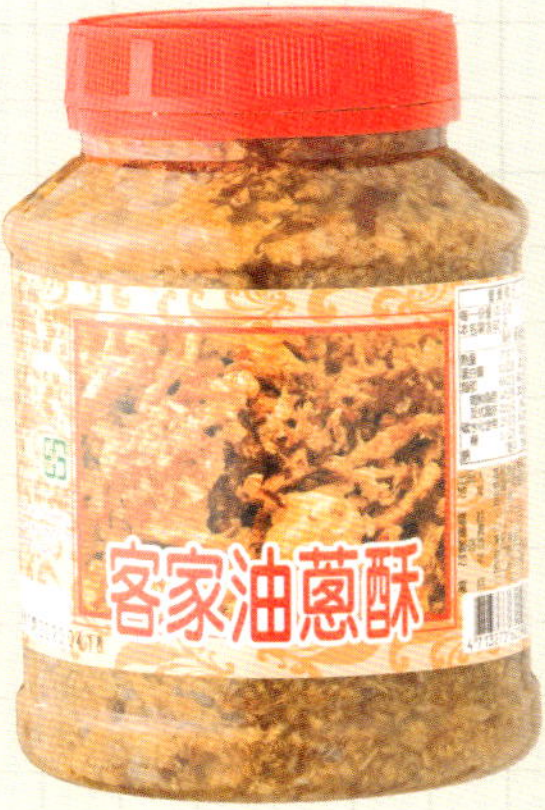

特製辣醬

台湾は高雄・岡山《ガンシャン》の特製辣醬。素材にこだわっており、辛味に独特の深みがあります。醤油に混ぜて焼き餃子をいただくと最高です。

土豆麵筋《ドゥドウミェンジン》

油あで揚げた麩とピーナッツをしいたけの甘い汁で煮たもの。台湾ではお粥と一緒に食べられています。

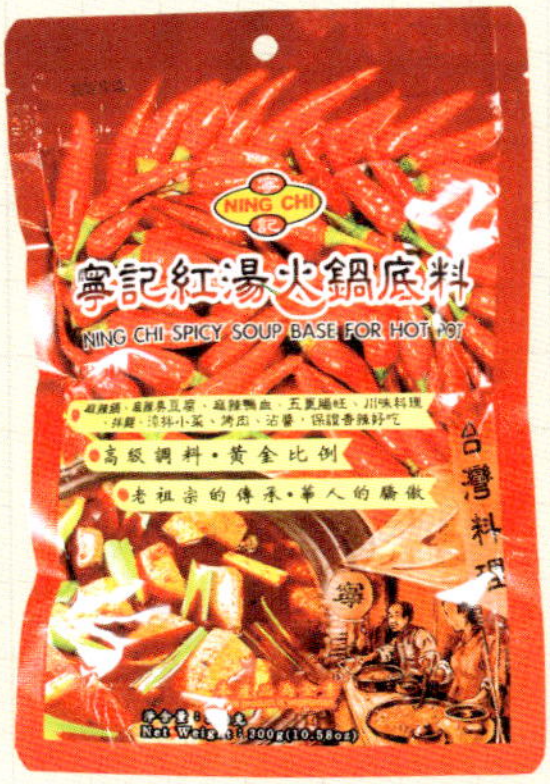

麻辣火鍋《マーラーホウグォ》

インスタント麻辣火鍋の素。家で気軽に楽しめるので、自分好みにアレンジしてつくれます。

沙茶醬《サーチャージャン》

鍋のタレにも活用されるピーナッツやごまなどが入ったタレペースト。炒めものなどにも使われる万能タレ。

五味醬《ウーウェイジャン》

エビやイカといった海鮮を食べるときのタレの定番。ケチャップやソースなど、５つの調味料をブレンドして作ります。

安心と信頼、おいしさの「義美《イーメイ》」ブランド

安全性が高いと人気の台湾の食品会社。商品のラインナップも豊富です。

チョコレートマンゴーグミ

マンゴーグミにチョコレートをコーティング。パッケージもおしゃれで、自分用にほしい！

マンゴーグミ

コンビニやスーパーなどでもよく見かける人気シリーズ。マンゴーのほかに、イチゴ味やぶどう味も。バラまきみやげにオススメです。

ネギクラッカー

ネギ好き台湾の人たちの間でも大人気。ネギの風味がクラッカーによく合う、一度は買ってみるべき一品。

果汁入りマンゴーグミ

マンゴーの濃い香りと味は果汁入りならでは。ちなみに「QQ」はキュッキュとモチモチした弾力性のある食感という意味です。

義美食品の直営店もあります！

ソフトクリームやパンを販売するなど、スーパーやコンビニにはない商品も品揃え。訪れると思わぬ発見があります。

DATA MAP P.166-2

義美食品《イーメイシューピン》

MTR行天宮

住 台北市中山區吉林路258號1樓　☎ 02-2537-6350　営 8:00〜22:00
休 無休、除夕、中秋節は17時で営業終了

キヌアクラッカー

スーパーフードのキヌアが入ったクラッカー。プチプチとした食感が加わり、飽きないおいしさです。

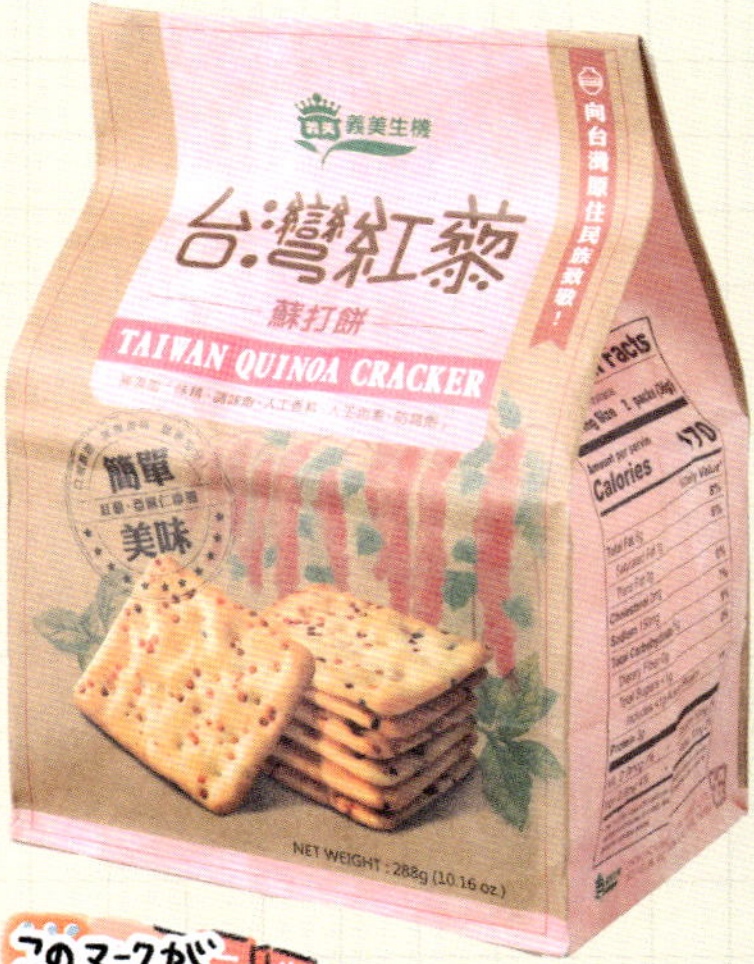

卵ロール

日本のシガーロールのようなもので、台湾の定番お菓子。ごま入りも香ばしくて美味。

タロイモロール

タロイモクリームが入ったスティック菓子。ネットリと濃厚なクリームがおいしくて手が止まりません。

ウエハース

左からピーナッツ、ココナッツ、タロイモの味。タロイモは日本ではなかなか見かけない味なのでぜひチェックしてみてください。

お酒の おつまみにもなる スナック系

ピーナッツや海苔などの自然派おつまみから、大人もハマるスナックまで。

小魚&ピーナッツ

日本でもおなじみ小魚&ピーナッツのミックスおつまみ。唐辛子が入っている分、あとを引く辛さ&うまさがあり、クセになる！

花椒ピーナッツ

花椒と唐辛子、２つの辛味をまぶしたピーナッツ。舌をピリピリとしびれさす強烈な刺激がたまらず、さらに手を伸ばしてしまう魔性の味。ビールによく合う！

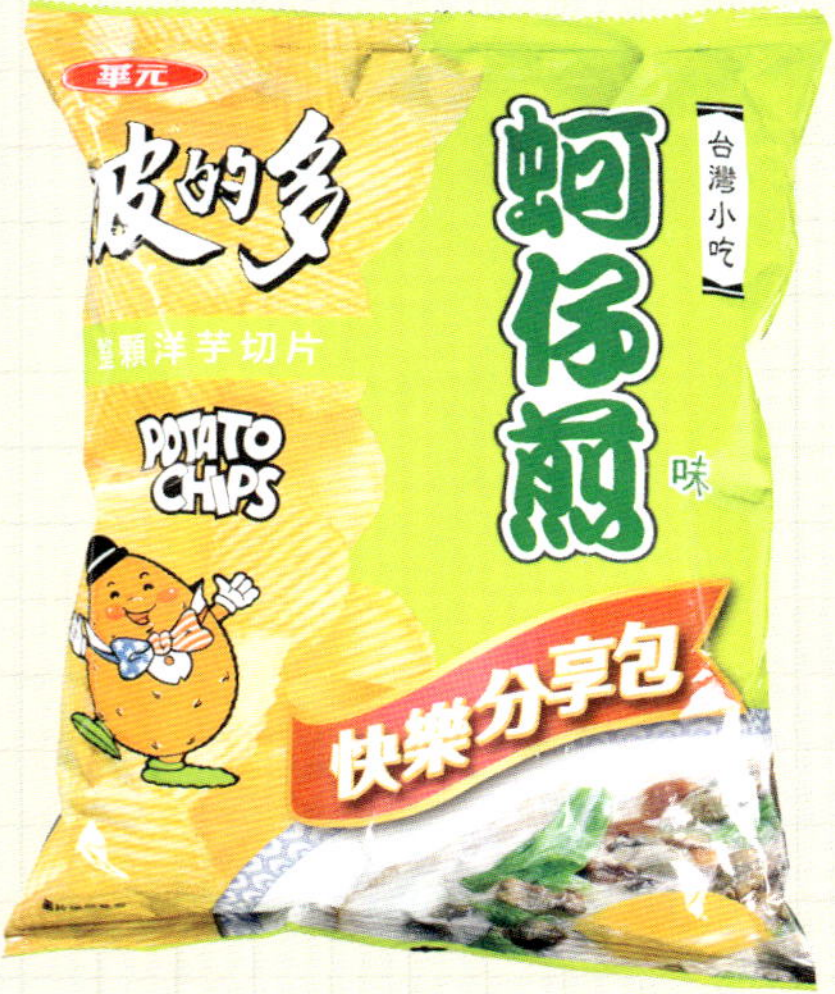

ポテトチップス

フレーバーはなんとカキオムレツ味。再現性はともかく日本にはない味付けなので、おみやげにオススメ。

ナッツ海苔

海苔の間にカボチャの種などのナッツをはさんだお菓子。海苔とナッツの異なった食感が楽しめ、子どもから大人まで大人気の商品。

大根煎餅

大根が練り込まれた薄焼きの台湾風煎餅。塩加減が絶妙であと引くおいしさ。お茶うけにも最適でついつい食べすぎてしまいます。

エンドウ豆スナック

台湾の超定番スナック。ニンニク風味などは次の予定がある場合は食べるのを控えたほうがよいレベル。でも最高においしい！

タロイモチップス

タロイモをそのまま揚げた素材感が残るナチュラルスナック。タロイモ特有の甘みがおいしく、タロイモ好きにはたまらない一品。

海苔フライスナック

海苔を油で揚げた、歯ざわりがよく香ばしい一品。味付けのバリエーションもあり、おやつにも、おつまみにもなる。

限定アイテムもあります！ その他

台湾限定の商品など、ジャンルを超えた“ぜひもの”を集めました！

「義美」限定缶 パイナップルケーキ

152ページで紹介した「義美」製。大稲埕という迪化街周辺の様子が描かれた缶が素敵で台湾好きの方への贈り物にもよろこばれます。

リプトン 台湾限定缶

パッケージがかわいい！と旅行者に大人気。台湾をモチーフにした柄は数種類あり、個包装のパウダー紅茶入りです。

リプトン ティーバッグ

茉莉花茶など台湾のおいしいお茶を便利なティーバッグで。毎日飲みたいヘビーユーザーにはもってこい！　高山烏龍茶などもあり。

こちらで購入しました！

電鍋モチーフの小物入れ

台湾では一家に１台があたりまえの電鍋はモチーフとしても人気があります。カラフルな色も魅力。

番外編

今回どうしても紹介したかった四平街で購入したAiwan愛用のスリッパです（190元）。

DATA MAP P.167-3

家樂福《ジャーラーフー》

MRT雙連

家電から生活用品、食材までほぼ何でも揃います。何時間いても飽きない危険なお店。

住 台北市大同區重慶北路二段171號　☎ 02-2553-7389
営 9:00～翌2:00　休 無休、旧正月期間は未定

DATA MAP P.166-2

勝立生活百貨《シェンリーシェンホォバイフオ》

MRT行天宮

台湾の「ドン・〇ホーテ」のようなお店。小さい店舗に雑貨や生活用品が所狭しと並びます。

住 台北市中山區吉林路133號　☎ 02-2511-2803
営 9:00～翌1:00　休 無休、除夕～初二

DATA MAP P.167-3

華品揗丸台北店《フワピンガンワンタイペイデェン》

MRT中山

地方の名産品を数多く品揃え、毎日が物産展のようなお店。思わぬ掘り出し物あり。

住 台北市中山區中山北路一段110號之5
☎ 02-2521-5828　営 月～金10:00～20:00
土・日10:00～19:00　休 無休、除夕～初五

column

知っとく情報

11

リノベーションしたオシャレ空間で台湾伝統の薬草茶が味わえる

[薬草茶《ヤオツァオチャ》]

迪化街《ディーホアジエ》から一本隣にある民樂街《ミンラージェ》には薬草問屋街があり、苦茶《クーチャ》や青草茶《チンツァオホチャ》などの薬草茶が飲めるお店が何軒か連なっています。そのお店の一つが「姚徳和青草號《ヤオデーハーチンツァオハオ》」で、伝統的なお店をリノベーションし、オシャレな空間で薬草茶を販売しています。

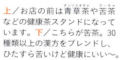

薬草茶と聞くとハードルが高く敬遠してしまいがちですが、こちらはティーパッグや入浴剤などを販売しており、手軽に買うことができます。また使い方などの説明も記載されており、パッケージや見た目もかわいく洗練されているので、おみやげなどにもピッタリです。

リノベーションされたオシャレな店内にはさまざまな薬草が並んでおり、よい香りがします。

上／お店の前は青草茶《チンツァオチャ》や苦茶《クーチャ》などの健康茶スタンドになっています。下／こちらが苦茶。30種類以上の漢方をブレンドし、ひたすら苦いけど健康にいい～。

お茶だけではなくお風呂に入れて使う青草のパックも販売。青草風呂に浸かると、お肌がスベスベになるそうです。

DATA

MAP P.167-3

姚徳和青草號《ラオデーハーチンツァオハオ》

MRT雙連

住 台北市大同區民樂街55號　☎ 02-2558-9510

営 8:00～20:00　休 日、旧正月期間は未定

column

知っとく情報

12

台湾から日本への生鮮食品の持ち込みは厳禁！ ただし、唯一おみやげにできるフルーツあり

台湾のフルーツを日本の家族や友人にも食べさせてあげたい！　そう思っても、日本へフルーツの持ち込みは厳しく制限されています。理由はフルーツに含まれているかもしれない病害虫が日本で拡散してしまうと、農作物に多大の被害が出るかもしれないからです。

しかし！　そんな厳しい制限があるにもかかわらず、空港で検疫を受ければ台湾から日本へ持ち込めるフルーツがありました。それは「パイナップル」です。パイナップルは皮が硬いため、フルーツの中に虫が入り込むこともなく、検疫では目視で虫の有無の確認ができるからだそうです。

2018年10月より植物の日本への持ち込みは、現地の検査証明書が必要になりました。台湾の空港にある「動植物検疫所」で検査（無料）を受ければOK。

そして日本入国後、羽田空港だと空港の検疫カウンターは、税関検査カウンターを通る手前、荷物ターンテーブルの端にカウンターがあります。ここで、「台湾からパイナップルを持ち込んだので、検疫をお願いいたします」と申し出ればOK。持ち込んだパイナップルを細かくチェックし（1つ約1分程度）、問題がなければ植物検査合格証印が押された証明書を貼ってもらえます。台湾パイナップルは芯までおいしく最高なので、ぜひお土産にしてみてください。

入店から会計まで…

知っておくと便利な中国語

慣れない外国の飲食店では、
注文するまでがメインイベント。
シーンごとにポイントを
まとめました。

入店時にチェック

店頭や店内に以下のような文言で告知されています。
あればチェックを。

請先排隊點餐	先に並んで注文する。※排隊＝並ぶこと
餐後付款	食後に支払う
請先付款	先に支払いを済ませる
最低消費○元	最低消費額のこと。金額以上を注文しましょう
買十送一	10個買うと1個サービス

注文する

テーブルのオーダーシートに自分でチェックを入れる形式が一般的。

菜單《ツァイダン》	メニュー
１個《イーガ》	1個。個数
１份《イーフェン》	一人前という意味。5個1份と書いてあれば、一皿に5個入っているということ
１盒《イーハー》	1パック
套餐《タオツァン》	セット、定食　例）排骨套餐（スペアリブ定食）
招牌《ジャオパイ》	お店の看板商品。イチオシ　例）招牌便當（看板弁当）
綜合《ゾンハー》	全部のせ、定番商品をミックスしたもの　例）綜合湯圓（ミックス団子のスープ）
内用《ネイヨン》	イートイン
外帶《ワイダイ》	テイクアウト
要不要辣?《ヤオプーヤオラー》	辛くしますか?

「内用、外帶？」と聞かれたら、「内用／外帶」と答えます。また、「要不要辣？」の場合は、必要なら「要」、必要ないなら「不要」と答えましょう。

「○○がほしい」

筷子《クワイヅ》	箸	湯匙《タンチー》	スプーン
盤子《パンヅ》	取り皿	叉子《チャーヅ》	フォーク
杯子《ベイヅ》	コップ、グラス	面紙《ミェンジー》	ティッシュ
吸管《シーグァン》	ストロー	袋子《ダイズ》	袋

お会計の場合は、店員さんに「買單《マイダン》」と伝えましょう。広東語ですが一般的に使用されています。

食材や味付けを表す文字を知っておくとメニューが少しずつわかるようになります。
ここにない文字があったら……すみません！

食べたいものが注文しやすくなる！

食材を表す漢字一覧

※注釈は食材に限ったもので、中国語全般についての解説ではありません

【肉】が入った文字＝だいたい肉！

雞肉《ジーロウ》	鶏肉	豬皮《ジューピー》	豚の皮	三層肉《サンツォンロウ》	豚バラ肉。 五花肉《ウーホワロウ》も同じ意味
豬肉《ジューロウ》	豚肉	牛肉《ニョウロウ》	牛肉	肝連肉《ガンリェンロウ》	横隔膜（ハラミ） 付近のお肉
豬舌《ジューシャー》	豚のタン	鵝肉《アーロウ》	ガチョウ肉	骨仔肉《グゥザイロウ》	頭蓋骨付近のお肉
豬心《ューシン》	豚のハツ	鴨肉《ヤーロウ》	鴨肉	赤肉《チーロウ》	赤身の多い肉
豬肺《ジューフェイ》	豚の肺	羊肉《ヤンロウ》	羊肉	白肉《バイロウ》	脂身の多い肉
豬心頭《ジューシントウ》	豚の心臓の管	肥肉《フェイロウ》	肉の脂身	雞腿《ジートゥイ》	鶏もも肉
豬肝《ジューガン》	豚の肝	瘦肉《ショウロウ》	肉の赤身	豬腿《ジュートゥイ》	豚もも肉
豬腳《ジュージャオ》	豚足	嘴邊肉《ゾェイバーロウ》	豚のほお肉		

【魚】が入った文字＝だいたい魚介類

鮮魚《シェンユー》	魚	香魚《シィヤンユー》	アユ	章魚《ジャンユー》	タコ
鱈魚《シュエユー》	タラ	鮭魚《グェイユー》	シャケ	生魚片《シェンユーピェン》	刺身
秋刀魚《チョウダオユー》	サンマ	鯊魚《シャーユー》	サメ		

【虫】っぽい漢字＝魚介類を意味することが多い

蛤蜊《ハーマー》	ハマグリ	螃蟹《ハンシエ》	カニ
蝦《シャー》	エビ。 （蝦仁はむきエビ）	蚵《カー》	カキ

【草カンムリ】が入った文字＝ほぼ野菜、ときどきイカ

紅蘿蔔《ホンルォボー》	ニンジン	薑《ジィヤン》	ショウガ	花椰菜《ホワイエツァイ》	ブロッコリー
蕃茄《ファンチエ》	トマト	蔥《ツォン》	ネギ	薄荷《バオハー》	ミント
苦瓜《クゥグゥア》	ニガウリ	芹菜《チンツァイ》	セロリ	花生《ホワシュン》	ピーナッツ
蘑菇《モーグゥ》	マッシュルーム	筍《スゥエン》	タケノコ	花枝《ホワジー》	イカ
(白) 蘿蔔《ルオボー》	ダイコン	茄子《チエヅ》	ナス		
蒜頭《スワントウ》	ニンニク	(小) 黄瓜《ホワングゥア》	キュウリ		

【その他】の文字＝分類できないもの

蛋《ダン》	卵	香腸《シィヤンチャン》	ソーセージ	玉米《ユーミー》	トウモロコシ
大腸《ダーチャン》	豚の大腸	排骨《パイグゥ》	骨付きあばら肉	豆芽《ドウヤー》	モヤシ
腿庫皮《トェイクーピー》	豚のもも肉の皮	生菜《シェンツァイ》	生野菜	秋葵《チョウクェイ》	オクラ
軟管《ルアングアン》	豚の食道	香菇《シィヤングゥ》	シイタケ	油菜《ヨウツァイ》	コマツナ、アブラナ
田雞《ティエンジー》	カエル肉	金針菇《ジンジェングゥ》	エノキ		
火腿《ホォトェイ》	ハム	杏鮑菇《シンバオグゥ》	エリンギ		
叉燒《チャーシャオ》	チャーシュー	紅葱頭《ホンツォントウ》	エシャロット		

【日本の漢字】とほぼ同じ文字

南瓜《ナングゥア》	カボチャ	馬鈴薯《マーリンシュー》	ジャガイモ	杏仁《シンレン》	アンニン
香菜《シィヤンツァイ》	パクチー	青菜《チンツァイ》	葉物系の野菜		

【フルーツ】を表す文字

蘋果《ピングゥオ》	リンゴ	鳳梨《フォンリー》	パイナップル	百香果《バイシャングゥオ》	パッションフルーツ
蘆薈《ルウホェイ》	アロエ	西瓜《シーグゥア》	スイカ	火龍果《ホォロングゥオ》	ドラゴンフルーツ
薏仁《イーレン》	ハトムギ	金桔《ジンジー》	キンカン	釋迦《シージャー》	バンレイシ （シュガーアップル）
草莓《ツァオメイ》	イチゴ	香蕉《シャンジャオ》	バナナ	哈密瓜《ハーミーグゥア》	ハミウリ（メロン）
芒果《マングゥオ》	マンゴー	柳橙《リョウチェン》	オレンジ		
芭樂《バァラー》	グアバ	木瓜《ムーグゥア》	パパイヤ		
葡萄柚《プゥタオヨウ》	グレープフルーツ	檸檬《ニンモン》	レモン		

【スイーツ、軽食系のお店】で使いがちな文字

冰沙《ビンシャー》	スムージー	蛋糕《ダンガオ》	ケーキ	香草《シャンツァオ》	バニラ
冰《ビン》	氷	咖啡《カーフェイ》	コーヒー	拿鐵《ナーティエ》	ラテ
汁《ジー》	ジュース	奶茶《ナイチャー》	ミルクティー	冰淇淋《ビンチーリン》	アイスクリーム
麻糬《マーシュー》	お餅	焦糖《ジャオタン》	キャラメル	可可亞《カーカーヤー》	ココア
牛奶《ニュウナイ》	牛乳	布丁《プゥディン》	プリン		
起司《チースー》	チーズ	巧克力《チャオカーリー》	チョコレート		
麵包《ミェンバオ》	パン	紅豆《ホンドウ》	あずき		
吐司《トウースー》	トースト	鮮奶油《シェンナイヨウ》	生クリーム		
三明治《サンミンジ》	サンドイッチ	卡士達《カーシーダー》	カスタードクリーム		

おわりに

ブログ「食べ台湾！」でグルメ情報を発信しはじめたのが、台湾に赴任して間もない2011年のこと。当時は台湾に関するインターネットの情報も少なく、ガイドブックに載っているお店に行っても、日本語のメニューと日本語が話せる店員さん。安心感はあるけれど、全然、台湾にいる感じがしませんでした。「名もない屋台で地元の人たちと相席しながら、同じものが食べたい……」。

じゃあせっかく縁あって台湾に住んでいるし、自分の足で台北を食べ歩いた「これはおいしい！」と思ったお店のリアルな情報を発信しよう。そうすれば、自分も楽しいし、台湾を旅行する人たちの役に立てるのでは？

そんな思いで書きはじめたのが、「食べ台湾」でした。

おかげさまでブログを通じ、多くの台湾好きの方々とお会いすることができ、当初は考えてもいなかった出版、そしてテレビ出演とさまざまな経験をさせていただきました。これもひとえに「食べ台湾」をご覧いただき、支えてくださった読者の皆様のおかげです。

いまは自身の今後のキャリアアップのため転職をし、これから北京での新生活がはじまろうとしています。もちろんこれからも「食べ台湾」は続けていきますが、「食べチャイナ！」も準備中です（笑）。今後の展開、乞うご期待ください！

2018年 9月 Aiwan

N
2km
7 士林《シーリン》
Shilin
11 大直《ダージー》
Dazhi
9 三重《サンチョン》
Dazhi
淡水河
8 板橋《バンチャオ》
Banqiao
1 台北《タイペイ》
Taipei
12 頂渓《ディンシー》
Dingxi
13 公館《コングワン》
Gongguan
6 南京復興《ナンチンフウシン》～忠孝復興《チョンシャオフーシン》
Nanjing Fuxing
Zhongxiao Fuxing
東路
公園
民權東路三段
復興北路
民族東路
MRT文湖線
松山空港
松山機場駅
中山國中駅
杭州小籠湯包 P27
主東路三段
龍江路
敦化北路
健康路
南京東路五段123巷
亓家蒸餃 P17
国泰世華銀行
P42 陳董藥燉排骨
南京復興駅
台北小巨蛋駅
南京三民駅
饒河街観光夜市
饒河街
南京東路四段
MRT松山新店線
南京東路五段
台北アリーナ
南京豆漿店 P33
松山駅
台灣高鐵
松山駅
光復南路
八德路四段
京華城
基隆路一段
八德路三段
吉仁公園
延吉街
八德路二段
后庄排骨酥麵 P89
市民大道高架道路
ファミリーマート
松隆路
松信路
松山路
松山文創園區
味家魯肉飯 P36
子辣。個人。麻辣 P101
忠孝東路四段559巷
虎林街
孝東路三段
忠孝敦化駅
國父紀念館駅
市政府駅
MRT板南線
永春駅
ファミリーマート
忠孝復興駅
光復南路290巷
国立国父紀念館
統一阪急百貨
P116 黑將軍老麵饅頭
復興南路一段
大安路一段
P76 天府麵庄
新光三越
松仁路
仁愛路四段
市府路
台北市政府
松智路
二愛路三段
延吉街
光復南路
松德路
松山路
敦化南路一段
ATT 4 FUN
老虎醬溫州大餛飩 P94
松壽路
台北信義威秀影城
信義路六段
P24 肉伯火雞肉飯
台北世界貿易中心
台北101
臺北南山廣場
言義路三段
信義安和駅
大安駅
MRT淡水信義線
信義路四段
基隆路二段
台北101/世貿駅
信義路五段
象山駅
通安街
通化街
大安路二段
安和路二段
通化夜市
臨江街
松智路
象山公園
吳寶春麥方店 P111
敦化南路二段
御品元冰火湯圓 P124
通化街39巷
嘉興街
樂利路
信義快速道路
松仁路
科技大樓駅
東路二段
MRT文湖線
六張犁站
500m
N

1 台北《タイペイ》
Taipei
三重國小駅
三和路一段
MRT中和新蘆線
酒泉街
延平北路四段
津津豆漿店 P32
良友枸杞土虱 P42
民族西路
重慶北路三段
大龍街
承德路三段
延平北路三段
P61
大橋頭老牌筒仔米糕
圓山駅
MRT淡水信義線
台北市立美術館
花博公園
2 中山國小《チョンシャングオシャオ》～松江南京《ソンジャンナンチン》
Zhongshan Elementary School
Songjiang Nanjing
林森北路
新生北路三段
吉林路
農安街
松江路
行天宮
中山國小駅
新北環河快速道路
臺北大橋
MRT中和新蘆線
台北橋駅
正義南路
大橋頭駅
民權西路駅
P85 珠記大橋頭油飯
涼州街
3 迪化街《ディーホアジェ》～中山《チョンシャン》
Dihua Street
Zhongshan
錦西街
延平北路二段
雙連駅
中山北路二段
行天宮駅
民生東路二段
新生高架道路
MRT中和新蘆線
淡水河
迪化街一段
寧夏路
長春路
吉林路
南京西路
林森公園
重慶北路一段
承德路一段
中山駅
長安西路
南京東路一段
松江南京駅
MRT空港線
忠孝大橋
中山北路一段
長安東路一段
松江路
北門駅
台北駅
台北駅
台北駅
中興大橋
環河快速道路
開封街一段
P110 阿姐的店碳烤三明治
武昌街二段
善導寺駅
MRT板南線
八德路一段
武昌街一段
八德路一段82巷
成都路
西門駅
台大醫院駅
4 台北車站《タイペイツァーヂァン》～西門《シーメン》
Taipei Main Station
Zhongshan
金山南路一段
臨沂街
忠孝新生駅
新生南路一段
総統府
10 龍山寺《ロンシャンスー》
Lungshan Temple
博愛路
仁愛路一段
仁愛路二段
西昌街
国家音楽廳
信義路一段
龍山寺駅
小南門駅
MRT松山新店線
国家戲劇院
中正紀念堂
台灣高鐵
萬華駅
延平南路
中華路二段
中正紀念堂駅
愛國東路
信義路二段
東門駅
大安森林公園駅
西園路二段
台北植物園
南海路
羅斯福路一段
新生南路二段
小南門福州傻瓜乾麵
P13
西藏路
和平西路二段
泉州街
金華街
麗水街
青田街
中華路一段
南海路
古亭駅
和平西路一段
和平東路一段
東園街
萬大路
寧波西街
青年公園
5 東門《ドンメン》～古亭《グーティン》
Dongmen
Guting

2 中山國小《チョンシャングオシャオ》～松江南京《ソンジャンナンチン》
Zhongshan Elementary School
Songjiang Nanjing
N
300m
花博公園
民族東路
新生高架道路
雙城街
林森北路
新生北路三段
德惠街
濱江果菜市場
P57 新豪釣蝦
松江路
中山北路二段
老牌山東水餃大王 P21
セブン-イレブン
農安街
雙城街夜市
新光銀行
中山國民小学校
新喜公園
農安公園
中原街
吉林路
中山區行政中心
建國高架道路
榮星公園
行天宮
1出口
4出口
中山國小駅
2出口
3出口
民權東路一段
民權東路二段
行天宮地下道算命街
P16 圓山老崔蒸包
セブン-イレブン
松江自助火鍋城 P100
新興公園
P68 紅翻天生猛海鮮
ミスターブラウン
松江路330巷
第一銀行
水巷茶弄 P129
錦州公園
セブン-イレブン
ワトソンズ
錦州街
錦州街
P152 義美食品
4出口
3出口
民生東路二段147巷
行天宮駅
新生北路二段
新生北路一段
永盛公園
P156 勝立生活百貨
2出口
百里香小吃 P72
ワトソンズ
民生東路一段
民生東路二段
1出口
P116 士包子饅頭店
P118 石家割包
池上木片便當 P104
スターバックス
MRT中和新蘆線
建國北路二段
中山北路二段
P76 高家莊米苔目
中吉公園
中原街
吉林路
台湾企銀行
長春路
長春路
天仁茗茶
一江街
リージェント タイペイ
秀泰影城
トイザらス
P25 偉富麵館
四平街
伊通街
康樂公園
林森公園
仁德公園
一江公園
8出口
7出口
P82
南京東路一段
ミスターブラウン
松江南京駅
6出口
伊通街知高飯
南京東路二段
1出口
5出口
MRT松山新店線
セブン-イレブン
セブン-イレブン
セブン-イレブン
4出口
2出口
天津街
ワトソンズ
P37 My灶
3出口
林森北路
ファミリーマート
松江路100巷
ファミリーマート
松江公園
松江路
伊通公園
六條通魷魚焿 P26
建國高架道路
吉林路
長安東路一段
P72 中央市場生猛活海鮮
長安東路二段

3 迪化街《ディーホアジェ》〜中山《チョンシャン》
Dihua Street Zhongshan
N
200m
阿桂姨原汁排骨湯 P89
保安街49巷
保安街
錦西街
重慶北路二段
家樂福 P156
延平北路二段
迪化街一段
民樂街
歸綏街
寧夏路
興城街
P77 雙純手工麵疙瘩
2派克(Two Peck)
P47
2出口
1出口
雙連駅
民生西路
P20 賴雞蛋蚵仔煎
P20 圓環邊蚵仔煎
萬全街
CoCo都可
P91 永樂米苔目
民生西路
寧夏路夜市
金馥記脆皮烤鴨
P54
P25 妙口四神湯
P61 豬大郎
台北霞海城隍廟
朝陽茶葉公園
重慶北路二段
承德路二段
赤峰街
MRT淡水信義線
中山地下街
中山北路二段
微笑碳烤 P55
平陽街
姚德和青草號 P157
迪化街一段
民樂街
寧夏路
環河快速道路
セブン-イレブン
建成公園
南京西路
P88 赤峰街無名排骨飯
永樂市場
林合發油飯 P84
南京西路
5出口
4出口
中山駅
新光三越 3館
6出口
3出口
2出口
1出口
61NOTE
P43
スターバックス
建成圓環
太原路
承德路一段
ウトソンズ
2館 1館
新光三越
長安西路
塔城街
天水路
MRT松山新店線
延平北路一段
重慶北路一段
長安西路
台北當代藝術館
中山北路一段
P156 華品擴丸台北店
市民大道
中山市場
玉泉公園

4 台北車站《タイペイツァーヅァン》〜西門《シーメン》
Taipei Main Station Zhongshan
N
200m
玉泉公園
MRT空港線
3出口
北門駅
6出口
7出口
3出口
2出口
5出口
4出口
台北駅
1出口
2出口
1出口
市民大道
忠孝西路二段
昆明街
西寧市場
承恩門(北門)
M1出口
台北駅
環河快速道路
西寧南路
建宏牛肉麵
P79
忠将蔥抓餅 P30
MRT板南線
駅前地下街
台北駅
施福建好吃雞肉 P85
洛陽街
P21 上頂皇家素食水煎包
M5出口
M4出口
M3出口
M7出口
開封街二段
P31 福州世祖胡椒餅
忠孝西路一段
台北駅
漢口街二段
梁山泊小籠湯包 P16
開封街一段
重慶南路一段
新光三越
M6出口
M8出口
延平南路
新光影城
漢中街
中華路一段
阿泉麵線 P50
武昌街二段
MRT松山新店線
漢口街一段
懷寧街
館前路
MRT淡水信義線
萬國酸菜麵
P13
漢口街一段80巷
青島西路
周記手工家常麵 P77
CoCo都可
武昌街一段
峨嵋街
ユニクロ
台湾省城隍廟
萬年大樓
博愛路
城中市場
成都路
中山堂
6出口
西門駅
4出口
3出口
台湾大学医学院附属醫院
H&M
5出口
国立台湾博物館
兆豐銀行
4出口
衡陽路
三媽臭臭鍋
P51
1出口
西門市場
西門紅樓
3出口
趙記菜肉餛飩大王 P95
台大醫院駅
昆明街
2出口
二二八和平公園
2出口
西寧南路
寶慶路
1出口
桃源街
長沙街二段
総統府

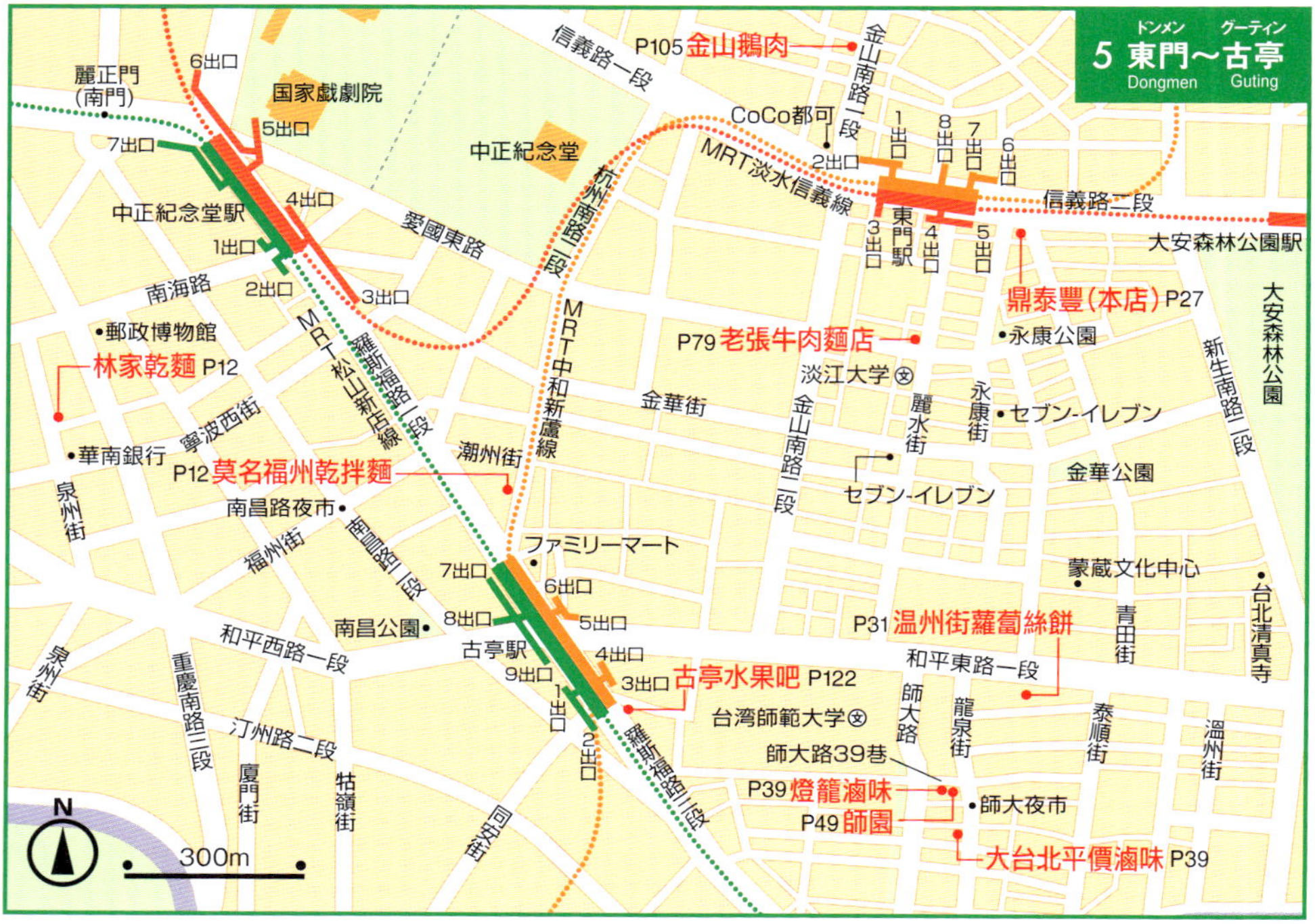

5 東門《ドンメン》～古亭《グーティン》
Dongmen Guting
P105 金山鵝肉
信義路一段
麗正門（南門）
6出口
国家戯劇院
5出口
7出口
中正紀念堂
CoCo都可
金山南路一段
1出口
8出口
7出口
6出口
2出口
MRT淡水信義線
信義路二段
東門駅
3出口
4出口
5出口
大安森林公園駅
中正紀念堂駅
4出口
1出口
2出口
3出口
愛國東路
杭州南路二段
南海路
MRT松山新店線
羅斯福路一段
鼎泰豐（本店）P27
大安森林公園
•郵政博物館
林家乾麺 P12
P79 老張牛肉麺店
•永康公園
新生南路二段
MRT中和新蘆線
淡江大学
金華街
麗水街
永康街
•セブン-イレブン
•華南銀行
寧波西街
P12 莫名福州乾拌麺
潮州街
金山南路二段
セブン-イレブン
金華公園
泉州街
南昌路夜市•
南昌路二段
福州街
ファミリーマート
7出口
6出口
蒙蔵文化中心
5出口
8出口
南昌公園•
4出口
P31 温州街蘿蔔絲餅
台北清真寺
青田街
和平西路一段
古亭駅
9出口
3出口
古亭水果吧 P122
和平東路一段
1出口
台湾師範大学
泉州街
重慶南路二段
汀州路二段
2出口
師大路
龍泉街
泰順街
温州街
羅斯福路二段
師大路39巷
廈門街
牯嶺街
P39 燈籠滷味
•師大夜市
P49 師園
同安街
大台北平價滷味 P39
N
300m

7 士林《シーリン》
Shilin
外雙溪
美崙公園
文昌橋
文昌路
•台北市児童新楽園
文林路
福壽街
台北市立天文科学教育館
国立台湾科学教育館
P72 寶飽煲
中正路
士商路
基河路
美德街
文林路
1出口
士林駅
2出口
通河東街一段
福德路
大東路
中山北路五段
•ファミリーマート
P47 惡魔雞排
小北街
セブン-イレブン
大北路
承德路四段
大南路
大南路
文林路
P60 源味本鋪古早味現烤蛋糕
陽明戲院
大東路
MRT淡水信義線
士林夜市
P46 士林豪大大雞排
基河路
通河東街一段
福港街
華齡街
前港公園
後港街
1出口
ワトソンズ
3出口
セブン-イレブン
剣潭駅
ファミリーマート
承德路四段
2出口
劍潭路
和豐街
基隆河
阿淑小吃
P83
和豐街33巷
N
500m

6 南京復興《ナンチンフウシン》～忠孝復興《チョンシァオフーシン》
Nanjing Fuxing Zhongxiao Fuxing
1出口
7出口
南京復興駅
8出口
6出口
MRT松山新店線
2出口
5出口
南京東路三段
龍江路
3出口
4出口
ワトソンズ•
朱崙街
敦中公園
敦化北路
遼寧夜市•
祥好喝現打果汁專賣店 P122
長安東路二段
復興北路
MRT文湖線
八德路二段
遼寧街
•セブン-イレブン
八德路二段
•セブン-イレブン
安東街
微風廣場
ファミリーマート
林東芳牛肉麺 P78
•ワトソンズ
市民大道高架道路
市民大道四段
花甜果室 P123
復興南路一段
敦化南路一段160巷
敦化南路一段
大安公園
5出口
太平洋SOGO台北忠孝館
MRT板南線
1出口
4出口
忠孝東路四段
2出口
3出口
太平洋SOGO台北復興館
忠孝復興駅
P117 姜太太包子店
300m
N

8 板橋《バンチャオ》
Banqiao
N
500m
漢生西路
セブン-イレブン
中山公園
萬板路
台灣高鐵
新海路
ファミリーマート
國光公園
金華街
莊敬公園
華江公園
P141 2個蛋手作蛋餅
大買生活百貨
中正路
國光路
建國街
文化路一段
文化路一段188巷
永豐街
懷仁街
三民路一段
環河公園
大仁街
MRT板南線
永豐街
セブン-イレブン
中山路二段
セブン-イレブン
油庫口蚵仔麵線
P139
民生路一段
觀光街
縣民大道一段
元大銀行
永昌牛肉麵 P138
板城路
公館街
板橋駅ビル
小木屋鬆餅SHINEMOOD
彰化銀行
湳仔溝
民權路
3出口
板橋駅
Mega City
中山路一段
板新路
民生公園
中正路
1出口
3A出口
板橋駅
Mega 50
公館街
2出口
新北市政府
セブン-イレブン
三民路二段
P140 高記生炒魷魚
板橋秀泰影城
中山路一段
遠東百貨
區運路
八里新店快速道路
文昌街
文化路一段
長安街
P142 懷念泡菜臭豆腐
2出口
漢生東路
ファミリーマート
板橋第一運動場
府中路
3出口
宮口街
1出口
府中駅
民族路
介壽公園
員山路

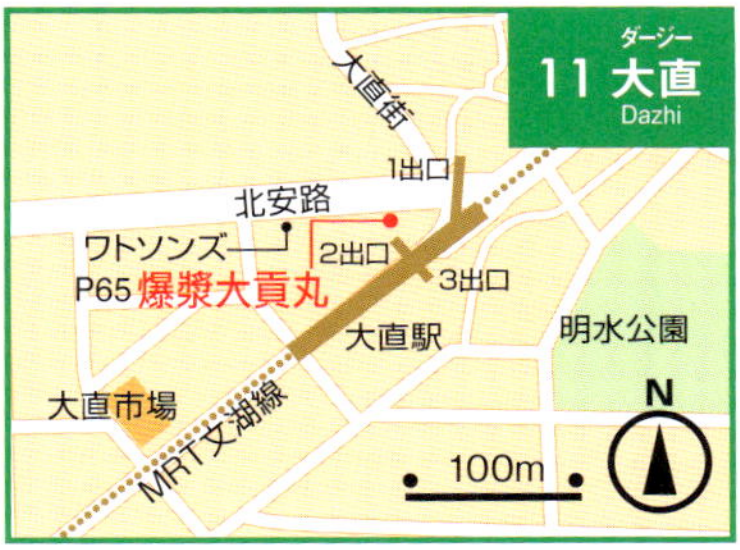
11 大直《ダージー》
Dazhi
大直街
1出口
北安路
ワトソンズ
2出口
P65 爆漿大貢丸
3出口
大直駅
明水公園
大直市場
MRT文湖線
N
100m

9 三重《サンチョン》
Dazhi
P136 龍濱老店大腸麵線
忠孝路一段
龍門路
ファミリーマート
P137 仁愛豆漿
秀江街
セブン-イレブン
出口
重陽路四段
六張公園
三重國小駅
順昌鮮肉小籠包 P135
長榮路
正義公園
新北環河快速道路
雙園街
自強路一段
長壽西街
龍濱路
民生街
中央北路
文化北路
正義北路
開元公園
大智街
大仁街
三和夜市
MRT
中和新蘆線
信義街
綜合運動場
今大魯肉飯 P133
重新路一段
綜合體育館
大智公園
台北橋
出口
P134 五燈獎豬腳
台北橋駅
環河南路
中央南路
重新路三段
天台影城
菜寮駅
中山藝術公園
1出口
3出口
N
2出口
光興街
300m

12 頂渓《ディンシー》
Dingxi
忠孝街
永和路一段
博愛街
文化路
世界豆漿大王 P112
モスバーガー
竹林路
2出口
天仁茗茶
頂渓駅
MRT中和新蘆線
圓行街
仁愛路
マクドナルド
N
1出口
100m

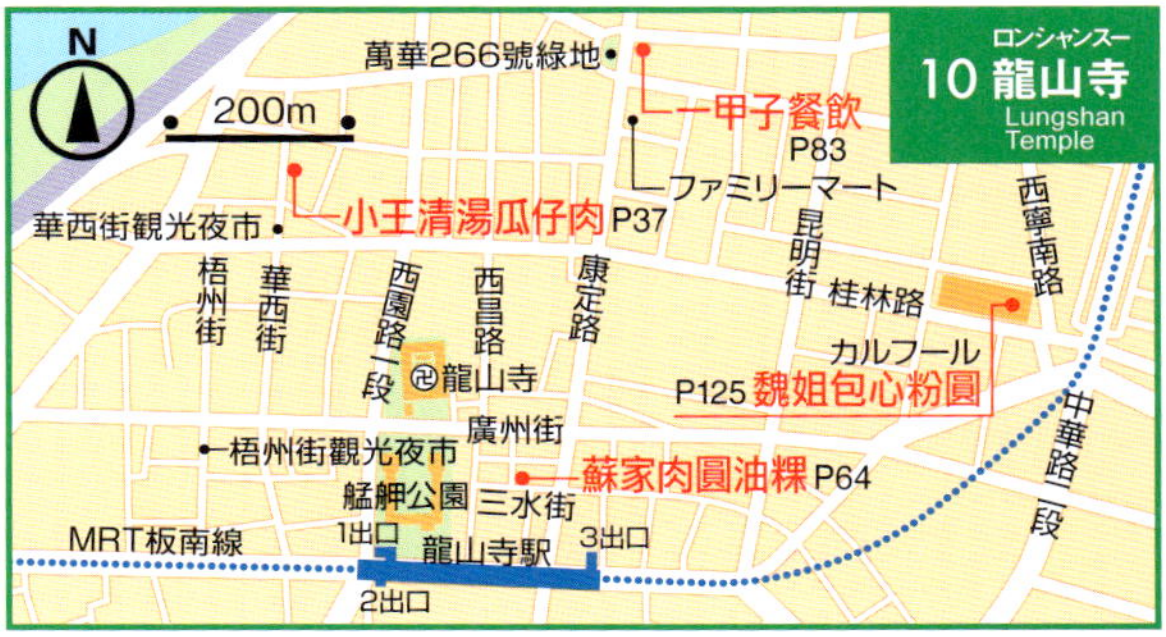
10 龍山寺《ロンシャンスー》
Lungshan Temple
N
200m
萬華266號綠地
甲子餐飲
P83
ファミリーマート
華西街観光夜市
小王清湯瓜仔肉 P37
西寧南路
梧州街
華西街
西園路一段
西昌街
康定路
昆明街
桂林路
龍山寺
カルフール
P125 魏姐包心粉圓
中華路一段
廣州街
梧州街観光夜市
蘇家肉圓油粿 P64
艋舺公園
三水街
MRT板南線
1出口
龍山寺駅
3出口
2出口

13 公館《ゴングワン》
Gongguan
3出口
4出口
ワトソンズ
公館駅
2出口
舟山路
1出口
MRT新店線
羅斯福路四段
公館夜市
ファミリーマート
水源市場
P111 土司吐司
汀州路三段160巷
N
100m

行きたい場所をGoogle Mapに表示できる

QRコード付き店舗さくいん

ア

阿桂姨原汁排骨湯《アーグイユーユェンジューパイグゥタン》

阿姐的店碳烤三明治《アージエダデェンタンカオサンミンジ》

阿淑小吃《アーシューシャオツー》

阿泉麵線《アーチェンミェンシェン》

惡魔雞排《アーモージーパイ》

一甲子餐飲《イージャーヅーツァンイン》

伊通街知高飯《イートンジェツーガオファン》

義美食品《イーメイシューピン》

微笑碳烤《ウェイシャオタンカオ》

魏姐包心粉圓《ウェイジエバオシンフェンユェン》

味家魯肉飯《ウェイジャールーロウファン》

偉富麵館《ウェイフーミェングワン》

温州街蘿蔔絲餅《ウェンジョウジェルォボースーピン》

五燈獎豬腳《ウーダンジャンジュージャオ》

呉寶春麥方店《ウーバオチュンマイファンデェン》

カ

高記生炒魷魚《ガオジーシェンチャオヨウユー》

高家荘米苔目《ガオジャージョンミータイムー》

古亭水果吧《グーティンシュエイグオバー》

サ

趙記菜肉餛飩大王《ザオジーツァイロウフゥエンドゥエンダーワン》

三媽臭臭鍋《サンマーチョウチョウグオ》

建宏牛肉麵《ジェンホンニョウロウミェン》

Google Map上の店名がリストの店名と違う場合がありますが、お店は同じで問題ありません。

QRコードの使い方

1. スマートフォンのＱＲコードリーダーで、行きたいお店のＱＲコードを読み取ります。
2. Google Mapアプリが自動的に立ち上がり、場所を表示。ナビボタンを押すと、目的地までのナビが開始されます。Google Mapアプリを持っていない場合はぜひDLを。なくてもブラウザが開き対応できます。

勝立生活百貨《シェンリーシェンホオバイフオ》

小南門福州傻瓜乾麵《シャオナンメンフージョウシャーグワガンミェン》

小王清湯瓜仔肉《シャオワンチンタングヮザイロウ》

家樂福《ジャーラーフー》(カルフール)

姜太太包子店《ジャンタイタイバオズデェン》

上頂皇家素食水煎包《シャンディンホワンジャースーシューシュエイジェンバオ》

祥好喝現打果汁專賣店《シャンハオハーシェンダーグオズージュアマイデェン》

水巷茶弄《シュエイシャンチャーノン》

世界豆漿大王《シュージエドウジャンダーワン》

珠記大橋頭油飯《ジュージーダーチャオトウヨウファン》

石家割包《シージャーグワバオ》

豬大郎《ジューダーラン》

施福建好吃雞肉《シューフージェンハオツージーロウ》

雙純手工麵疙瘩《シュワンチュンショウゴンミェングーダ》

周記手工家常麵《ジョウジーショウゴンジャーチャンミェン》

中央市場生猛活海鮮《ジョンヤンスーチャンシェンモンフオハイシェン》

金山鵝肉《ジンサンアーロウ》

津津豆漿店《ジンジンドウジャンデェン》

今大魯肉飯《ジンダールーロウファン》

新豪釣蝦《シンハオディヤオシャー》

金馥記脆皮烤鴨《ジンフージーツェイピーカオヤー》

行きたい場所をGoogleマップに表示できる

QRコード付き店舗さくいん

蘇家肉圓油粿《スージャーロウユェンヨウグオ》

忠將蔥抓餅《ゾンジャンツォンジュワビン》

師園《シーユェン》

子辣。個人。麻辣《ズラー。ガーレン。マーラー》

士林豪大大雞排《スーリンハオダーダージーパイ》

松江自助火鍋城《ソンジャンズージューフォグオチャン》

タ

大台北平價滷味《ダータイベイピンジャールーウェイ》

大橋頭老牌筒仔米糕《ダーチャオトウラオパイトンザイミーガオ》

燈籠滷味《デンロンルーウェイ》

亓家蒸餃《チージャージェンジャオ》

池上木片便當《チーシャンムービェンビェンダン》

赤峰街無名排骨飯《チーファンジェウーミンパイグウファン》

陳董藥燉排骨《チェンドンヤオドゥンパイグウ》

順昌鮮肉小籠包《チュンチャンシェンロウシャオロンバオ》

鼎泰豐《ディンタイフォン》（本店）

天府麵庄《テェンフーミェンジョワン》

土司吐司《トゥースートゥースー》

2派克《トゥーパイクー》(Two Peck)

土包子饅頭店《ドゥーバオズマントウデェン》

ナ

南京豆漿店《ナンジンドウジャンデェン》

ハ

百里香小吃《バイリーシャンシャオツー》

爆漿大貢丸《バオジャンダーゴンワン》

寶飽煲《バオバオバオ》

紅翻天生猛海鮮《フォンファンテンシェンモンハイシェン》

杭州小籠湯包《フージョウシャオロンタンバオ》

福州世祖胡椒餅《フージョウスーズーフージャオビン》

懷念泡菜臭豆腐《フワイニェンパオツァイチョウドウフー》

華品摃丸台北店《フワピンガンワンタイベイデェン》

マ

黑將軍老麵饅頭《ヘイジャンジュンラオミェンマントウ》

后庄排骨酥麵《ホウジョンパイグゥスーミェン》

花甜果室《ホワテェングオシー》

My灶《マイザオ》

萬國酸菜麵《マングオスワンツァイミェン》

妙口四神湯《ミャオコウスーシェンタン》

莫名福州乾拌麵《モーミンフーゾウガンバンミェン》

ヤ

姚德和青草號《ヤオダーハーチンツァオハオ》

源味本鋪古早味現烤蛋糕《ユェンウェイベンプーグーザオウェイシェンカオダンガオ》

圓山老崔蒸包《ユェンサンラオツイジェンバオ》

圓環邊蚵仔煎《ユェンフワンビェンオアジェン》

御品元冰火湯圓《ユーピンユェンビンホウタンユェン》

油庫口蚵仔麵線《ヨウクーコウオアミェンシェン》

永昌牛肉麵《ヨンチャンニョウロウミェン》

行きたい場所をGoogleマップに表示できる

QRコード付き店舗さくいん

永樂米苔目《ヨンラーミータイムー》

ラ

頼雞蛋蚵仔煎《ライジーダンオアジェン》

老張牛肉麵店《ラオジャンニョウロウミエンデェン》

老牌山東水餃大王《ラオパイサンドンスェイジャオダーワン》

老虎醬溫州大餛飩《ラオフージャンウェンジョウダーフゥエンドゥエン》

2個蛋手作蛋餅《リャンガダンショウズオダンピン》

梁山泊小籠湯包《リャンサンポーシャオロンタンバオ》

良友枸杞土虱《リャンヨウゴウチートゥーシー》

61NOTE《リョウスーイーノート》

六條通魷魚焿《リョウティャオトンヨウユーガン》

林家乾麵《リンジャーガンミエン》

林東芳牛肉麵《リンドンファンニョウロウミエン》

林合發油飯《リンハーファーヨウファン》

仁愛豆漿《レンアイドウジャン》

肉伯火雞肉飯《ロウボーフォジーロウファン》

龍濱老店大腸麵線《ロンビンラオデェンダーチャンミエンシェン》

Aiwan《アイワン》（著）

ブログ「食べ台湾」（http://www.tabetaiwan.com/）を主宰。ライブドア公式ブロガー。

６年を超える台北での駐在経験とおいしいものや地元の人しか行かないようなお店めぐりをとおして、リアルな現地情報を発信。ブログの閲覧数は、にほんブログ村などの各サイト「台湾旅行ジャンル」で1位を獲得している。
おなじみ小籠包や台湾スイーツ、ローカルが通う街の食堂に屋台、スーパーまで……その守備範囲は広く、雑誌の台湾特集などでお店を紹介することも。台湾旅行リピーターにも絶大な信頼を得ている。著書に『激ウマ!　食べ台湾』（KADOKAWA）がある。

妻鹿《めが》もえぎ（イラスト）

香川県出身。2013年『ひっぷりずむ』で第5回Cocohana新人まんが大賞銅賞を受賞し、『Cocohana』（集英社）よりデビュー。

カバーデザイン／千葉慈子（あんバターオフィス）
本文デザイン／黒田志麻
MAP制作／地図屋もりそん
DTP／Office SASAI
協力／Grant Gate Corporation

Special Thanks

かどやんさん、Melissaさん、おかじーさん、コッシーさん、Qちゃん、マコト&トモコさん、TOMOさん、Mikakoさん

もっと激《げき》ウマ！　食《た》べ台湾《たいわん》

地元《じもと》の人《ひと》が通《かよ》い詰《つ》める
最愛《さいあい》グルメ100軒《けん》

2018年 9 月27日　初版発行
2023年 4 月10日　3版発行

著者　Aiwan《アイワン》　イラスト　妻鹿《めが》もえぎ

発行者　山下直久

発行　株式会社KADOKAWA
〒102-8177　東京都千代田区富士見2-13-3
電話0570-002-301（ナビダイヤル）

印刷所　図書印刷株式会社

●お問い合わせ
https://www.kadokawa.co.jp/（「お問い合わせ」へお進みください）
※内容によっては、お答えできない場合があります。
※サポートは日本国内のみとさせていただきます。
※Japanese text only
定価はカバーに表示してあります。

ISBN 978-4-04-069945-5　C0095